Herausgegeben
und erarbeitet von:
Sabine Utheß

deutsch.kombi plus 5

Arbeitsheft
Differenzierende Ausgabe

Ernst Klett Verlag
Stuttgart · Leipzig · Dortmund

Inhalt

Symbole

RGS Aufgabe zu Rechtschreibung, Grammatik und Sprachbetrachtung (RGS)

TIPP Hinweis und Hilfestellung

Diese Aufgabe löst du in deinem Heft.

Kompetenzbereiche:

Sprechen, Zuhören, Spielen

Schreiben

Lesen und Literatur – Umgang mit Texten und Medien

In diesen Kästen findet ihr **Merkwissen.**

Merke
Wortart Verben

Verben sind Tätigkeitswörter, sie geben an
- was jemand **tut** → er schreibt.
- was **geschieht** → es regnet.

Anforderungsbereiche:

○ ◒ ● An den meisten Aufgaben findest du diese Zeichen. Sie zeigen an, welche Anforderung die Aufgabe an dich stellt. Meist nimmt dabei die Schwierigkeit zu. Damit alle diese Aufgaben lösen können, werden unterschiedliche Hilfen gegeben.

Deine Schule, deine Freunde, deine Welt

Ich heiße Anna. Mein Hobby ist Musikhören. Ich habe noch vier kleine Geschwister: eine Schwester und drei Brüder. Oft helfe ich den Kleinen. Bei uns zu Hause ist immer was los! Manchmal ist das ziemlich nervig, besonders wenn sich die Zwillinge streiten. Am liebsten esse ich Pizza.

Ich heiße Igor. Seit sieben Jahren lebe ich mit meiner Familie in Deutschland. Geboren bin ich in Russland. Mit Mama und Papa spreche ich Russisch. Die meiste Zeit verbringe ich am Computer. Ich bin aber auch gerne draußen und spiele Basketball.

Mein Name ist Ferhat. Das ist ein türkischer Name. Aber in der Türkei war ich bis jetzt nur einmal in den Ferien. Zu Hause sprechen wir Türkisch. Zur Schule fahre ich mit dem Fahrrad. Nur im Winter laufe ich. Ich spiele gern mit meinen Freunden Fußball. Später will ich Fußballtrainer werden.

Ich heiße Stefanie, aber alle nennen mich Steffi. Ich bin in Worms geboren. Das liegt am Rhein. Leider kann ich nur eine Sprache gut: Deutsch. Seit der 3. Klasse lerne ich Englisch. Ich mag Hunde und lese gern Fantasy-Bücher. Oft treffe ich mich auch mit meinen Freundinnen.

○ **1** Lies die Texte. Wähle die wichtigsten Informationen aus und schreibe sie auf.

Sie heißt Anna. Ihr Hobby ist Musikhören. Sie hat ______

______

______

Sein Name ist Ferhat. ______

______

______

Er heißt Igor. ______

______

______

Ihr Name ist Stefanie. ______

______

______

deutsch.kombi plus 5, S. 6–17

2 Ergänze die Fragen, die du einem neuen Mitschüler oder einer neuen Mitschülerin stellen könntest.

1. Welche Sprachen sprichst du?
2. Was machst du besonders
3. Welchen Beruf möchtest du später
4. Wer gehört zu
5. Welches Haustier
6. Welche Band
7. Welchen
8. Was liest
9. Welches Musikinstrument

3 Stelle dich in einem Steckbrief vor.

Das bin ich!

Hier kannst du ein Foto von dir einkleben.

Vorname Name:

Haarfarbe:

Augenfarbe:

Größe:

Geburtstag:

Geschwister (Alter):

Hobbys:

Lieblingstier:

Lieblingsessen:

Besonderheiten:

Was ich überhaupt nicht mag:

So ist er

1 Lies den Text und unterstreiche alle Informationen über Hannes.

Ursula Wölfel

Hannes fehlt

Sie hatten einen Schulausflug gemacht. Jetzt war es Abend und sie wollten mit dem Autobus zur Stadt zurückfahren. Aber einer fehlte noch.

Hannes fehlte. Der Lehrer merkte es, als er die Kinder zählte. „Weiß einer etwas von Hannes?“, fragte der Lehrer. Aber keiner wusste etwas. Sie sagten: „Der kommt noch.“ [...]

Einer im Bus fragte: „War der Hannes überhaupt dabei? Den hab ich gar nicht gesehen.“ „Ich auch nicht“, sagte ein anderer. Aber morgens, als sie hier ausstiegen, hatte der Lehrer sie gezählt und beim Mittagessen im Gasthaus hatte er sie wieder gezählt und dann noch einmal nach dem Geländespiel. Da war Hannes also noch bei ihnen. „Der ist immer so still“, sagte einer. „Von dem merkt man gar nichts.“ „Komisch, dass er keinen Freund hat“, sagte ein anderer, „ich weiß noch nicht einmal, wo er wohnt.“ Auch die anderen wussten das nicht. „Ist doch egal“, sagten sie.

Der Lehrer und der Busfahrer gingen jetzt den Waldweg hinauf.

Die Kinder sahen ihnen nach. „Wenn dem Hannes jetzt etwas passiert ist?“, sagte einer. „Was soll dem passiert sein?“, rief ein anderer. „Meinst du, den hat die Wildsau gefressen?“ Sie lachten. Sie fingen an, sich über die Angler am Fluss zu unterhalten, über den lustigen alten Mann auf dem Aussichtsturm und über das Geländespiel.

Mitten hinein fragte einer: „Vielleicht hat er sich verlaufen? Oder er hat sich den Fuß verstaucht und kann nicht weiter. Oder er ist bei den Kletterfelsen abgestürzt?“

„Was du dir ausdenkst!“, sagten die anderen. Aber jetzt waren sie unruhig. Unter den Bäumen war es schon ganz dunkel. Sie sahen auch die beiden Männer nicht mehr. Keiner redete mehr. Sie sahen aus den Fenstern und warteten. In der Dämmerung war der Waldrand kaum noch zu erkennen.

Dann kamen die Männer mit Hannes. Nichts war geschehen.

Hannes hatte sich einen Stock geschnitten und dabei war er hinter den anderen zurückgeblieben. Dann hatte er sich etwas verlaufen. Aber nun war er wieder da, nun saß er auf seinem Platz und kramte im Rucksack.

Plötzlich sah er auf und fragte: „Warum seht ihr mich alle so an?“

„Wir? Nur so“, sagten sie. Und einer rief: „Du hast ganz viele Sommersprossen auf der Nase!“ Sie lachten alle, auch Hannes. Er sagte: „Die hab ich doch schon immer.“

2 Lies den Text noch einmal und beantworte die Fragen zum Inhalt.

a Wie reagieren die Kinder, als der Lehrer feststellt, dass Hannes fehlt? Wie reagieren sie, als er wieder da ist?

b Warum hat sich Hannes verspätet?

3 **EXTRA** Du möchtest mehr über Hannes erfahren und bereitest ein Interview mit ihm vor. Überlege zuerst, was du von ihm wissen willst. Notiere Fragen auf einem Zettel. Ordne die Fragen nach ihrer Wichtigkeit und schreibe sie in dein Heft.

4 **PLUS** Notiere deine Gedanken zu der folgenden Frage und begründe deine Meinung.

a Warum wusste niemand etwas von Hannes?

 deutsch.kombi plus 5, S. 6–17

Was man in der Freizeit tun kann

1 Entscheide, welche Wörter Verben sind. Kreise sie ein.

warten begeistern gestern sehen Seen waschen Taschen
fern rennen spielen gern weinen kleinen zusammen

2 Beschreibe, was du in deiner Freizeit tun kannst. Schreibe vier Tätigkeiten auf, z. B.

malen, lesen, ___

3 Die Form, in der du die Verben aufgeschrieben hast, ist der Infinitiv (Grundform). Schreibe vier weitere Verben im Infinitiv auf.

___

4 Baue Wortgruppen mit dem Wörter-Igel. Wie verändert sich die Verbform? Unterstreiche die Endungen der Verben.

Paula singt ___

___

___

Merke

Wortart Verben

Verben sind Tätigkeitswörter, sie geben an

- was jemand **tut** → er schreibt.
- was **geschieht** → es regnet.
- in welchem **Zustand** etwas oder jemand ist → er bleibt.

Man unterscheidet:

1. **Infinitiv** (Grundform) → laufen, lesen.
2. **Personalform**, die sich danach richtet, wer oder was etwas tut. Es handelt sich um die **konjugierte** (gebeugte) **Verbform** →

	Singular	Plural
1. Person	ich lauf<u>e</u>	wir lauf<u>en</u>
2. Person	du läuf<u>st</u>	ihr lauf<u>t</u>
3. Person	er / sie / es läuf<u>t</u>	sie lauf<u>en</u>

Unser Sportfest

1 Schreibe zu den folgenden Personalformen den Infinitiv (die Grundform) auf.

ich weiß → *wissen* ______

du kannst → ______

er sieht → ______

du sprichst → ______

sie erschrickt → ______

du musst → ______

du liest → ______

sie wirft → ______

ich will → ______

er isst → ______

2 Denke dir Sätze mit den Verben **haben** und **sein** aus.

haben	sein
Ich habe einen Freund.	*Ich bin Schülerin der Klasse 5a.*
Du hast	*Du bist*
Er	*Er ist*
Sie	*Sie*
Wir	*Wir*
Ihr	*Ihr seid meine Freunde.*
Sie	*Sie*

3 Setze die Verben in der richtigen Personalform ein.

Warum teilst du denn nicht mit uns?

Heute ist Sportfest in unserer Schule. Florian *gewinnt* (gewinnen) einen Preis beim Werfen: 10 Tüten Gummibärchen. Er ______ (essen) eine Tüte Bärchen nach der anderen.

Lisa ______ (sagen): „Wir ______ (essen) auch gerne Gummibärchen! Warum ______ (teilen) du denn nicht mit uns?“ Sie ______ (bekommen) keine Antwort.

Beim Wettrennen ______ (sagen) Florian plötzlich, dass er fürchterliche Bauchschmerzen ______ (haben). Lisa ______ (laufen) als Erste durchs Ziel. Etwas später ______ (halten) sie den 1. Preis in der Hand: 20 Tüten Gummibärchen. Alle Kinder ______ (schauen) gierig. Lisa ______ (sagen) lächelnd: „Ich ______ (wissen), worauf ihr ______ (warten).“

Und schon ______ (verteilen) sie alle Gummibärchen.

 deutsch.kombi plus 5, S. 18–21

Fragen über Fragen

1 Bilde Entscheidungsfragen und schreibe sie auf.

1. gern Sport treiben? *Treibst du gern Sport?* ____________
2. gern Ski fahren? ____________
3. gern Rad fahren? ____________
4. gern Fußball spielen? ____________
5. gern Sportsendungen sehen? ____________
6. gern Sportbücher lesen? ____________

2 Ergänze in den folgenden Ergänzungsfragen (W-Fragen) die passenden Fragewörter.

Womit? | Was? | Wo? | ~~Wie?~~ | Wer? | Wie? | Wem? | Wofür?

1. *Wie* heißt du?
2. ______ alt bist du?
3. ______ machst du gern?
4. ______ wohnst du?
5. ______ ist dein Freund?
6. ______ interessierst du dich besonders?
7. ______ beschäftigst du dich am Wochenende?
8. ______ schreibst du manchmal eine Nachricht?

3 Bilde mit den folgenden Fragewörtern nun eigene W-Fragen und schreibe sie auf.

1. Welche *Bücher liest du gerne?* ____________
2. Was ____________
3. Wen ____________
4. Warum ____________
5. Wohin ____________
6. Wem ____________

Merke

Fragesätze

Fragesätze verwendet man, wenn man etwas wissen will.
Sie werden in Form von **Entscheidungsfragen** oder **Ergänzungsfragen** gebildet.

- Auf **Entscheidungsfragen** → Kommst du aus Frankreich? erhält man als Antwort „Ja." oder „Nein."
- Auf **Ergänzungsfragen** (W-Fragen), die mit Fragewörtern wie **Wer? Was? Wo? Warum?** gebildet werden → Wo wohnst du? erhält man ausführliche Antworten.

Wir reden miteinander

○ **1** Lies den Text und unterstreiche die verschiedenen Vorschläge für einen Wandertag.

Die 5e plant einen Wandertag mit Übernachtung. Dazu gibt es in der Klasse eine Diskussion.

Nico Kilian, willst du mal mein neues Fahrrad sehen?
Klara Ruhe jetzt! Wir wollen doch über unser Ausflugsziel beraten. Wohin könnten wir also fahren?
Karl Wie oft soll ich's noch sagen, ein Heuhotel – es gibt nichts Besseres, sage ich euch. Ich war in den Ferien auf einem Bauernhof ... Ich weiß gar nicht, wieso wir darüber noch lange diskutieren!
Dana Du schon wieder! Heuhotel – Von dir kommen doch nur blöde Vorschläge!
Tanja Karls Idee mit dem Heuhotel finde ich interessant. Karl, könntest du das mal erklären?
Rafael Also, in einem Heuhotel schläft man nicht im Bett, sondern im Heu ...
Melissa Hi, hi, im Heu! Mit Ratten und Mäusen zusammen!
Klara Lass ihn doch mal ausreden! Immer redest du dazwischen!
Melissa Du bist blöd!
Dana Könnte ich vielleicht auch mal etwas sagen! Immer reden die Jungs.
Nico Also ich bin für eine Radtour.
Dana Radtour, wenn ich das schon höre. Du willst nur dein Rad vorführen, Angeber!
Tanja Waren wir nicht noch beim Heuhotel?
Rafael Stimmen wir doch einfach ab!
Nico Klar, ist etwa jemand gegen eine Radtour? Der kann ja laufen.
Klara Mir reicht's! Mit euch kann man nicht reden! Macht doch, was ihr wollt!

◒ **2** Sicher hast du bemerkt, dass bei dieser Diskussion einiges falsch läuft.
Schreibe drei Beispiele auf, wo gegen Gesprächsregeln verstoßen wird. Begründe.

____

____

____

____

◒ **3** **EXTRA** Lies, was Dana in dem Gespräch sagt. Solche Äußerungen werden auch als „Gesprächskiller" bezeichnet. Erkläre, warum.

____

____

____

____

● **4** **PLUS** Gib den Kindern aus Aufgabe 1 Ratschläge, wie sie ihr Gesprächsverhalten ändern können, damit die Diskussion zum Ziel führt.

 deutsch.kombi plus 5, S. 22–33

Selbsteinschätzung

○ **1** Erinnere dich an deine letzte Gruppenarbeit. Beurteile dein Gesprächsverhalten. Gib dir Punkte von 1 bis 10.

Ich beteilige mich sehr selten am Gespräch.	**1 2 3 4 5 6 7 8 9 10**	*Ich beteilige mich sehr oft am Gespräch.*
Ich traue mich nicht, meine Meinung zu sagen.	**1 2 3 4 5 6 7 8 9 10**	*Ich sage immer meine Meinung, auch wenn die meisten anderer Meinung sind.*
Ich weiß immer alles besser und sage das auch den anderen.	**1 2 3 4 5 6 7 8 9 10**	*Ich lasse andere Meinungen auch gelten. Ich versuche, andere von meiner Meinung zu überzeugen.*
Ich schwatze oft dazwischen und unterbreche andere.	**1 2 3 4 5 6 7 8 9 10**	*Ich lasse die anderen immer ausreden und unterbreche sie niemals.*
Ich bin bei Gesprächen in der Gruppe mit meinen Gedanken oft nicht bei der Sache und höre nicht zu.	**1 2 3 4 5 6 7 8 9 10**	*Ich höre den anderen immer aufmerksam zu und schaue die Sprechenden an.*
Ich frage nicht nach, wenn ich etwas nicht verstehe, was ein anderer sagt.	**1 2 3 4 5 6 7 8 9 10**	*Ich frage nach, wenn ich etwas nicht verstanden habe, sofern dazu Gelegenheit ist.*

○ **2** Zähle deine Punkte zusammen und ordne dich ein.

51–60 Punkte:
Du hast ein sehr gutes Gesprächsverhalten. Du bist ein Gesprächsprofi!

30–50 Punkte:
Dein Gesprächsverhalten ist schon gut. Du kannst dich aber in einigen Punkten noch verbessern. Mache dir diese Punkte bewusst und denke beim nächsten Gespräch daran.

18–29 Punkte:
Dein Gesprächsverhalten ist nicht so gut. Du musst dich in vielen Punkten verbessern. Erarbeite einen Plan, in welchen Punkten du dich zuerst verändern möchtest. Nimm dir schon für die nächsten Gespräche ein verändertes Verhalten vor.

6–17 Punkte:
So macht ein Gespräch mit dir keinen Spaß. Du solltest an deinem Gesprächsverhalten arbeiten. Überlege, was du zuerst ändern willst. Beginne schon in den nächsten Gesprächen.

○ **3** Schätze dein Gesprächsverhalten regelmäßig selbst ein und prüfe, ob und wo du Fortschritte machst.

Klassensprecher – ja oder nein?

1 In einem Forum wird diskutiert, ob es Klassensprecher geben sollte oder nicht. Lies die Diskussion und kreuze die Beiträge an, denen du zustimmst.

- ☐ Jana (12 Jahre) Ich finde es überflüssig, einen Klassen- oder Schulsprecher zu wählen__ Diese Leute wollen sich doch nur wichtigmachen__ Und wenn's hart auf hart kommt, halten sie doch nur zu den Lehrern__
- ☐ Corinna (12 Jahre) Ich gehe in eine sehr große Schule mit über 1000 Schülern__ Unser Klassensprecher hat öfter eine Versammlung__ Und was er dort erfährt, teilt er uns sofort mit__ Super__
- ☐ Jens Grau (Verbindungslehrer) Willst du wirklich auf dein Mitbestimmungsrecht verzichten__ Was wäre die Schule ohne die gewählten Schülervertreter__ Stell dir vor, dann könnten die Lehrer wirklich alle machen, was sie wollen__ Aber man muss ihnen auch sagen können, dass sie etwas nicht richtig machen__
- ☐ Ali (11 Jahre) Jana hat völlig Recht. Ich finde auch, dass Klassensprecher nur die Chefs der Klasse sein wollen, um zu bestimmen__ Und bei großen Streitereien halten sie zu den Lehrern, um aufzufallen und gelobt zu werden__
- ☐ Till (11 Jahre) Richtig, Jana__ Klassensprecher sollte man abschaffen__ Was die können, können wir schon lange__ Unsere Klassensprecherin spricht immer nur für einige Schüler, meistens die Mädchen__ Ist das bei euch genauso__
- ☐ Ida (12 Jahre) Was meinst du, Jana, wer bei uns an der Schule Filmabende, Schuldiskos, die „Kulturarena" und Sporttage organisiert__ Das machen der Schülersprecher und die SV__ Ich selbst bin Klassensprecherin und sage, wenn der Klasse etwas nicht passt__
- ☐ Leon (13 Jahre) Überflüssig ist nur der falsche Klassensprecher__ Denn der richtige sollte eure Probleme, Sorgen und Wünsche an eure Lehrer weitergeben und mit ihnen nach Lösungen suchen__ Tut er das nicht, löst ihn ab__ Wählt einen, der für euch kämpft__

2 Ergänze in den Beiträgen in Aufgabe 1 die Satzschlusszeichen.

3 Schreibe selbst einen kurzen Beitrag zum Thema. Achte auf die richtigen Satzschlusszeichen.

Merke
Satzarten

. **Aussagesätze** werden verwendet, wenn man etwas mitteilen oder feststellen will. Am Ende des Satzes steht ein **Punkt**.

! **Aufforderungssätze** werden verwendet, wenn man jemanden um etwas bittet oder zu etwas auffordern will. Am Ende des Satzes steht ein **Ausrufezeichen**.

! **Ausrufesätze** werden verwendet, wenn man etwas in einem Ausruf besonders betonen will. Am Ende des Satzes steht ein **Ausrufezeichen** oder ein **Punkt**.

? **Fragesätze** werden verwendet, wenn man etwas wissen will oder jemanden um etwas bittet. Am Ende des Satzes steht ein **Fragezeichen**.

 deutsch.kombi plus 5, S. 34–37

Freizeitgespräche

1 Elena will sich von Jan ein neues Buch ausleihen. Ordne den Personen die passenden Sprechblasen zu. Verbinde.

1. Elena ruft:
2. Jan fragt:
3. Elena fragt:
4. Jan antwortet:
5. Elena sagt:
6. Jan fordert:

Aber gib es mir dieses Mal gleich wieder, wenn du fertig bist

Ja, was ist denn

Super, ich bin schon so gespannt, wie es weitergeht

Hey, warte mal bitte

Na gut, ich habe es gerade durchgelesen

Kannst du mir morgen das neue Buch mitbringen

2 Schreibe das Gespräch auf. Setze die Satzschlusszeichen und die Anführungszeichen ein.

Elena ruft: „Hey, warte mal bitte!"

3 Alex hat seine Musikanlage viel zu laut aufgedreht. Seine Schwester möchte, dass er die Musik leiser stellt. Denke dir ein Gespräch aus, in dem mindestens ein Fragesatz, ein Aufforderungssatz und ein Aussagesatz vorkommen. Achte auf die Satzschlusszeichen und die Anführungszeichen.

Merke

Begleitsätze vor der wörtlichen Rede

Die **wörtliche Rede** gibt wieder, was eine Person sagt. Sie steht in **Anführungszeichen.** Der Satz, der die wörtliche Rede einleitet, heißt **Begleitsatz.**

→ Tamara meint: „Ich möchte auch mitspielen."
Begleitsatz: „wörtliche Rede"

Lust auf Lesen

○ **1** Sieh dir die folgende Abbildung an und lies den Text leise. Folge mit dem Blick den Pfeilen. Lass deine Augen flüssig von Wort zu Wort oder von Wortgruppe zu Wortgruppe schwingen. Die Sprünge von Wortgruppe zu Wortgruppe heißen Blicksprünge.

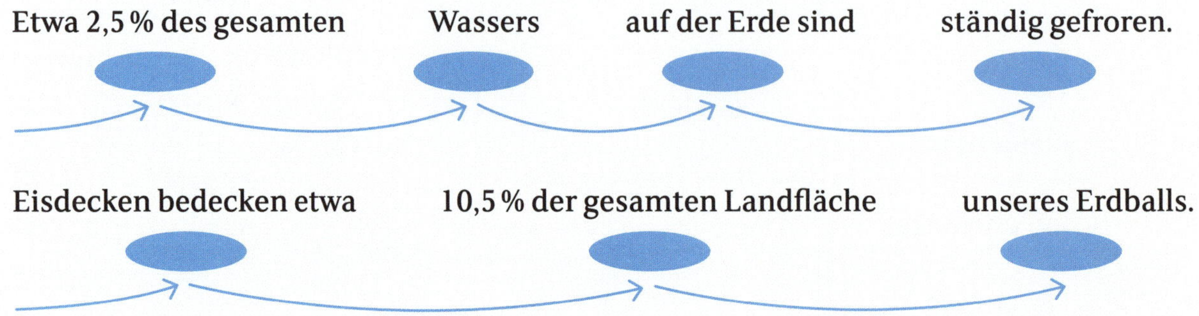

○ **2** In diesem Text sind Haltelinien für die Blicksprünge eingetragen. Versuche, den Text flüssig zu lesen.

TIPP Der ideale Abstand der Augen zum Text liegt bei ungefähr 30 cm. Dann musst du beim Lesen den Kopf nicht bewegen.

Neun Zehntel | des Eises der Welt | liegen über dem südlichen Kontinent, | über der Antarktis. | Um den Südpol herum | ist die Eisdecke massiv | und durchschnittlich 200 Meter dick. | An der dicksten Stelle ist das Polareis | 4800 Meter dick | – genug, um den Gipfel | des Montblanc zu bedecken, | den höchsten Berg Europas.

○ **3** Lies den folgenden Text leise. Lass deine Augen dabei von Wortgruppe zu Wortgruppe schwingen. Trage die Haltelinien für deine Blicksprünge ein.

Sie sind bemerkenswerte Tiere: Weddellrobben. Kein Säugetier hält es so weit im Süden der Erdkugel aus wie diese gemütlichen Antarktisbewohner. Sie sind die häufigste Robbenart der Antarktis und verdanken ihren Namen ihrem Entdecker, dem englischen Seefahrer James Weddell. Die grauen, gefleckten Robben sind an Land schwerfällig und behäbig, unter Wasser jedoch flink und ausdauernd. Dort verbringen sie auch die meiste Zeit: Weddellrobben können bis zu 600 Meter tief tauchen und 70 Minuten am Stück unter Wasser bleiben. Die Robben ernähren sich hauptsächlich von Fischen und Krebstieren. [...]

◒ **4** Lies die folgenden Wörter rückwärts und schreibe sie richtig herum auf.

1. sitkrA ____________
2. ehcälfdnaL ____________
3. llabdrE ____________
4. lopdüS ____________

 deutsch.kombi plus 5, S. 38–49

Den Blick schärfen

○ **1** Lies den Text laut und so oft, bis du es schaffst, ihn zügig und ohne Verhaspeln vorzutragen.

EswareinmaleinPrinzweitdrübenimMärchenlande.WeildernureinTräumerwar,liebteer essehr,aufeinerWiesenahedemSchlosszuliegenundträumendindenblauenHimmelzu starren.DennaufdieserWieseblühtendieBlumengrößerundschöneralssonstwo.Undder Prinzträumtevonweißen,weißenSchlössernmithohenSpiegelfenstern...Esgeschahaber, dassderalteKönigstarb.NunwurdederPrinzseinNachfolger.UndderneueKönigstandnun oftaufdenZinnenvonweißen,weißenSchlössernmithohenSpiegelfenstern.Undträumte voneinerkleinenWiese,wodieBlumengrößerundschönerblühten,dennsonstwo.

◒ **2** Im folgenden Text sind in jedem Wort einige Buchstaben vertauscht. Versuche ihn trotzdem zu lesen.

TIPP Lies über die vertauschten Buchstaben hinweg.

Vor lnager Ziet letbe ein Kniög, der httae enie wnduerschnöe Tchtoer. Biem Schslos des Köigns lag ein dnukelr Wlad. In dem Wlad war utenr enier Lnide ein Bnunren. Drot speitle die Knisögtchtoer oft mit enier gloneden Kegul. Enies Tgeas feil die Kguel in den Bnurnen, der so teif war, dsas man kienen Gnurd sheen knonte ...

○ **3** Schreibe den Text in richtiger Schreibweise auf.

Laut für Laut und Silbe für Silbe

1 Lies die folgenden Wortpaare laut. Sprich immer ein Wort mit langem, das andere Wort mit kurzem Vokal. Ergänze die fehlenden Buchstaben und schreibe die Wörter wie im Beispiel auf.

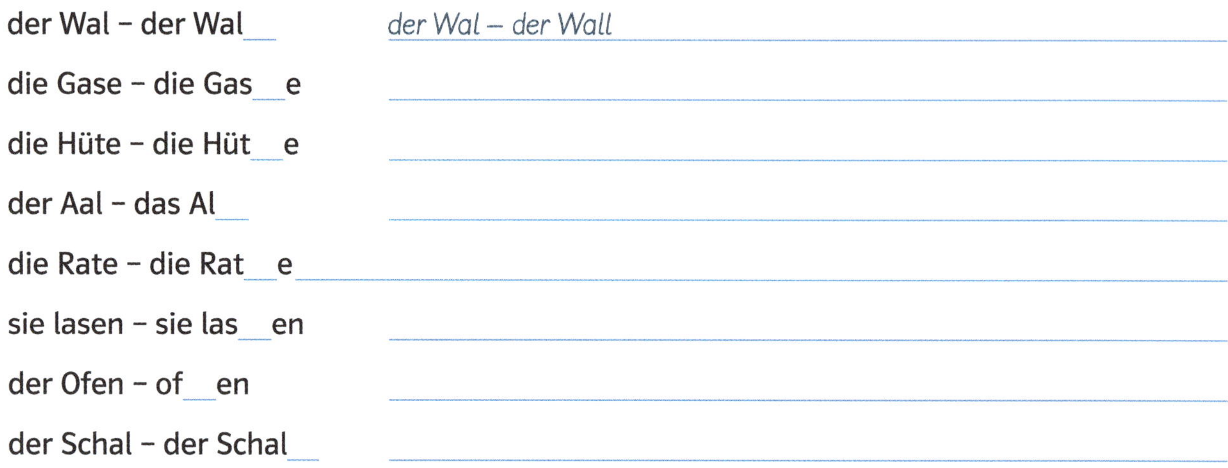

der Wal – der Wal__ *der Wal – der Wall*

die Gase – die Gas__e

die Hüte – die Hüt__e

der Aal – das Al__

die Rate – die Rat__e

sie lasen – sie las__en

der Ofen – of__en

der Schal – der Schal__

2 Setze unter diese Wörter Silbenbögen.

Zuschauer – Sonnenbrille – Donnerwetter – Nadelbaum – Szenen – Zauberer – Schlafwandeln – Roboter – Aufführung – Gabelbissen – Rolle – Körpersprache

3 Bilde aus den folgenden Wörtern möglichst lange Bandwurmwörter und schreibe sie auf. Setze Silbenbögen unter die Wörter.
Mit welchem Wort kannst du die meisten Bandwurmwörter bilden?

Hand – Sommer – Abend – Ball – Ferien – Reise – Welt – Fell – Regen – Rucksack – Kleidung – Hitze – Reifen – Meister – Wechsel

Sommerreifenwechsel

Merke

Rechtschreibstrategie Mitsprechen

Wie ein Wort geschrieben wird, richtet sich häufig nach der **Aussprache**.
Wenn man beim Schreiben die Wörter **Silbe für Silbe wie ein Roboter** mitspricht, kann man meist hören, wie sie geschrieben werden.
→ Wassereimer, entgegen, rennen

Von dreckigen Ecken und putzigen Katzen

1 Trage die Lösungswörter im Rätsel so ein, dass **tz** immer in dem dunkelgrauen Kästchen steht. Schreibe die Wörter mit Silbenbögen daneben. Sprich beim Schreiben deutlich mit.

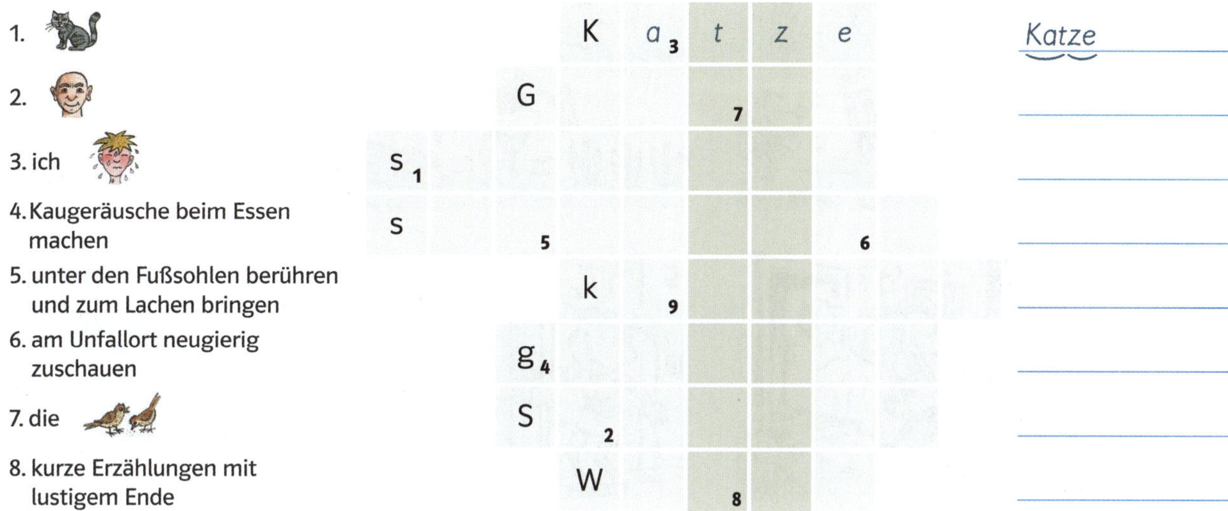

2 Schreibe die Buchstaben über den Zahlen 1 bis 9 hintereinander auf. Wie lautet das Lösungswort? Es ergibt das Lieblingsessen vieler Kinder. Ist es vielleicht auch deines?

Lösungswort:

1	2	3	4	5	6	7	8	9

3 Hier haben sich 5 Wörter mit **ck** versteckt. Suche und markiere sie.

O	A	M	Ü	C	K	E	R	G	X	J	N
O	W	W	A	E	G	Y	D	J	C	H	T
Q	Q	K	O	G	Z	B	Ä	C	K	E	R
R	O	E	Y	K	G	G	T	Z	S	C	E
X	X	N	G	G	R	V	R	A	P	K	T
E	I	B	R	Ü	C	K	E	G	U	E	N
S	P	U	C	K	E	N	Q	A	K	Q	K

Merke

Regeln zu tz und ck

Nach **l, m, n, r** sowie **ei, au, eu** und **äu**, das merk dir ja, steht nie **tz** und nie **ck**.
→ schmelzen, winzig, Weizen, dunkel, Park …
! → kratzen, putzen, Flecken, trocken …

Bei **Fremdwörtern**[1] schreibt man nie **tz** und nie **ck**.
→ Pizza, speziell, Diktat …

1 Fremdwort: Wort, das aus einer anderen Sprache stammt

Schulgeschichten

○ **1** Sieh dir die Bildergeschichte an. Gib dem Mädchen und dem Hund einen Namen.

○ **2** Ordne jedem Bild die passende Sprech- oder Denkblase zu. Notiere hinter den Sprechblasen die Bildnummern. Lies mit der richtigen Betonung, was das Mädchen sagt oder denkt.

Guck mal, was du angerichtet hast! Was soll ich denn jetzt machen? Frau Korn hat heute Geburtstag, und ich wollte ihr Blumen mitbringen!

Man bin ich wütend. Zur Strafe gibt's heute kein Futter!

Oh, nein! Es war gar nicht der Hund! Und ich habe so mit ihm geschimpft!

Wo sind denn die ganzen Blumen hin? Wer war das? Na warte!

Hallo, mein liebes Hündchen! Guck mal, ich habe dir deine Lieblingswurst mitgebracht!

Du brauchst gar nicht so unschuldig gucken! Woher soll ich jetzt die Blumen für Frau Korn nehmen?

○ **3** Notiere zu jedem Bild in Stichworten, was geschieht.

1. Mädchen möchte Blumen pflücken,

 deutsch.kombi plus 5, S. 54–65

Was geschieht hier?

1 Schreibe die vollständige Geschichte von Seite 18 in dein Heft. Gehe so vor:
- Beschreibe die Ausgangssituation: Welche Absicht hat das Mädchen?
- Schreibe, was wer, wann, wo macht.
- Schreibe in wörtlicher Rede dazu, was das Mädchen denkt und spricht. Nutze die Texte in den Sprechblasen.
- Beschreibe auch die Gefühle des Mädchens.
- Vergiss nicht, der Geschichte eine passende Überschrift zu geben.

2 **EXTRA** Verfasse zu der Bilderfolge eine Geschichte. Bearbeite dazu die folgenden Aufgaben.

a Sammle zunächst in einer Tabelle Ideen, was auf den drei Bildern geschieht.

Bild 1	Bild 2	Bild 3
– Radtour mit neuem Mountainbike		

b Schreibe nun mithilfe der Stichpunkte eine Geschichte.
- Beschreibe, wer, wann, wo, was macht.
- Du kannst auch schreiben, was zwischen den Bildern passiert, und weitere Personen einführen.
- Vergiss nicht zu schreiben, was die Personen jeweils fühlen, denken und sagen.
- Verwende die wörtliche Rede.

c Überlege dir eine passende Überschrift und schreibe sie auf.

d Schreibe die komplette Geschichte noch einmal ordentlich in dein Heft.

Oliver saß und schrieb ...

1 Lies den folgenden Anfang einer Geschichte. Unterstreiche alle Verbformen.

Es ist schon spät. Oliver sitzt am Computer und schreibt einen Text. Er muss zur nächsten Deutschstunde eine Geschichte erfinden. Plötzlich klingelt nebenan das Telefon. Wer ruft da an? Er steht auf und verlässt das Zimmer. In diesem Moment kommt Kater Wanja aus seiner Ecke. Er verfolgt eine Fliege, die auf den Computer fliegt. Wanja springt hinauf auf den Computertisch und wieder hinunter. Die Fliege fängt er nicht. Als Oliver das Zimmer wieder betritt, sieht er mit Entsetzen den dunklen, leeren Bildschirm. Gleich fällt ihm Wanja ein, der inzwischen wieder gemütlich in seiner Ecke liegt ...

2 Forme den Geschichtenanfang ins Präteritum (Vergangenheit) um.

Es war schon spät.

3 Überlege dir ein Ende für die Geschichte und schreibe es im Präteritum auf. Achte dabei auf die Verbformen.
- Was passiert am Ende der Geschichte?
- Gibt es ein gutes oder ein schlechtes/trauriges Ende?
- Überlege dir auch eine passende Überschrift und schreibe sie über deine Geschichte.

Merke

Zeitformen des Verbs: Präsens und Präteritum

Die Gegenwartsform, das **Präsens**, verwendet man, wenn man etwas erzählt, das gerade geschieht (→ sie geht, sie sieht) oder das immer gilt (→ ich heiße).

Die einfache Vergangenheitsform, das **Präteritum**, verwendet man, wenn man über etwas Vergangenes erzählt (→ sie ging, sie sah).

 deutsch.kombi plus 5, S. 66–71

Merkwürdige Präteritumsformen

1 Bilde die Verbformen und löse das folgende Kreuzworträtsel.

1. Präteritum von *sie ruft*. Sie …
2. Präsens von *fallen*. Er …
3. Infinitiv zu *sie schlief*.
4. Präteritum von *er erhält*. Er …
5. Infinitiv zu *sie hieß*.
6. Präsens von *raten*. Er …
7. Präteritum von *sie lässt*. Sie …
8. Präteritum von *er schreibt*. Er …
9. Präsens von *sie stieg*. Sie …
10. Infinitiv zu *er entschied*.
11. Präsens von *sie beschloss*. Sie …
12. Präteritum von *er vergisst*. Er …
13. Präsens von *sie verließ*. Sie …
14. Präteritum von *er schwimmt*. Er …

Schreibe die nummerierten Buchstaben hintereinander. Wie heißt das Lösungswort?

Lösungswort:

1	2	3	4	5	6	7	8	9	10	11	12	13

2 Ergänze in der Tabelle die fehlenden Formen. Unterstreiche in Gruppe A jeweils das ie in der Präteritumsform. Markiere in Gruppe B das ss und das ß in den verschiedenen Verbformen.

	Infinitiv (Grundform)	Präsens	Präteritum
A	schreien	*er*	*er*
		sie	sie rief
	bleiben	*er*	*er*
		sie	sie schwieg
B	essen	*sie*	*sie*
		er fließt	*er*
		er vergisst	*er*
	verlassen	*sie*	*sie*

Tiergeschichten

○ **1** Lies die folgende Zeitungsmeldung und unterstreiche die wichtigsten Informationen.

Schweinfurt, 16. Januar 2015 (AZ) – Aus bisher ungeklärten Gründen sind am Donnerstagabend acht Kamele beziehungsweise Dromedare aus einem Zirkus in Schweinfurt ausgebüxt. Die Tiere hielten sich schließlich auf dem nahegelegenen John-F.-Kennedy-Platz auf und sorgten dort für erhebliche Verkehrsbehinderungen. Wie die Polizei berichtet, war ein Tier außerdem in einen Unfall verwickelt.

○ **2** Bereite dich darauf vor, eine Geschichte über die Kamele zu schreiben.
Sammle in einem Cluster Ideen für die Geschichte. Ergänze dazu weitere Fragen.

Wie reagiert der Zirkusdirektor, als er das leere Gehege sieht?

Wie sind die Kamele ausgebrochen?

Was erleben andere Menschen mit den Kamelen?

◒ **3** Überlege dir Antworten auf die Fragen. Notiere sie in Stichpunkten.

Wie reagiert der Zirkusdirektor? riesiger Schreck, ruft bei Polizei an „Sie sind weg!“

○ **4** Ein Schüler hat sich notiert, was das Leitkamel gedacht haben könnte.
Bringe die Gedanken in eine sinnvolle Reihenfolge.

☐ *Man muss nur gründlich suchen ... hier ist ein Loch im Gitter! Ein bisschen eng, aber es müsste reichen.*

1 *Immer nur im Gehege rumstehen und warten, dass man auf die Bühne muss ... das kann doch nicht alles sein!*

☐ *Jetzt muss nur noch die Vorstellung beginnen, dann kann's losgehen ...*

☐ *Ich möchte so gerne mal die Stadt erkunden und die Welt entdecken.*

☐ *So, das war ja einfacher, als gedacht. Oh nein! Was machen denn die anderen? Die können doch nicht einfach auf die Straße rennen!*

☐ *Es muss doch irgendeinen Ausweg geben ... die anderen kommen bestimmt mit!*

☐ *Jetzt wurde unser Kleinstes auch noch angefahren ... was machen wir jetzt?*

deutsch.kombi plus 5, S. 72–83

5 Erzähle nun Schritt für Schritt, wie alles geschehen ist. Beschreibe in der Einleitung die Ausgangssituation und im Hauptteil die Abenteuer der Kamele. Formuliere dann ein Ende für die Geschichte. Gib der Geschichte auch eine passende Überschrift.
TIPP Wörtliche Rede und eine abwechslungsreiche Wortwahl machen deine Geschichte besonders spannend.

6 Lies deine Geschichte noch einmal durch. Überprüfe, was dir gut gelungen ist und was du noch verbessern kannst. Die folgende Tabelle hilft dir dabei.

Überschrift	Was geschah vorher?	Was geschah nachher?	Verständlichkeit
lustig	gut vorstellbar	gut vorstellbar	man versteht alles
geht so	kann man erahnen	kann man erahnen	man versteht fast alles
langweilig	wurde nur angedeutet	wurde nur angedeutet	man versteht vieles nicht
keine	keine Vorgeschichte	es passierte nichts mehr	man versteht gar nichts

7 **EXTRA** Überarbeite deine Geschichte und schreibe sie noch einmal ordentlich in dein Heft.

deutsch.kombi plus 5, S. 72–83

b oder p, d oder t, g oder k?

1 Verlängere die Wörter und finde so die richtige Schreibweise heraus. Ergänze die fehlenden Buchstaben. Schreibe das verlängerte Wort in die Klammern.

1. b oder p?	2. g oder k?	3. d oder t?
das Lo*b* (*loben*)	das Wer__ (______)	der Hun__ (______)
gi__ es mir (______)	die Bur__ (______)	leich__ (______)
der Rau__ (______)	der Zwer__ (______)	lau__ (______)
das Kal__ (______)	der We__ (______)	die Wan__ (______)
das Gra__ (______)	das Wer__zeu__	bun__ (______)
der Ty__ (______)	(______) (______)	gesun__ (______)
das Sie__ (______)	der Schla__ (______)	die Wu__ (______)

2 Bei diesen Wörtern ist es noch etwas schwieriger, den richtigen Buchstaben herauszufinden. Wie kannst du dir hier helfen? Ergänze die fehlenden Buchstaben und notiere die verlängerten Wörter.

Ber*g*spitze (*Berge*)	Han__werker (______)	Gol__sack (______)
Bur__tor (______)	Lan__schaft (______)	Ra__haus (______)
Krau__salat (______)	Wal__weg (______)	Ra__weg (______)

3 Ergänze auch hier die fehlenden Buchstaben.

Falsches Taxi

Sonnta__aben__ rau__te ein 54-jähriger Einbrecher – der Polizei bereits bekann__ – eine Wohnun__ am Stadtran__ aus. Bei Mon__lich__ stie__ er auf dem Rückwe__ in ein Taxi – in das falsche. Der Fahrer erkannte den Fahrgas__. Er hatte einen Ta__ zuvor ein wertvolles Wan__bil__ und Gel__ geraub__ und wurde bereits gesuch__. Die Polizei, die per Fun__ herbeigerufen wurde, nahm den Die__ fest.

Merke

Rechtschreibstrategie Verlängern 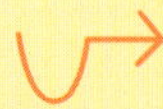

Will man wissen, ob ein Wort am Ende mit **g** oder **k**, **b** oder **p**, **d** oder **t** geschrieben wird, muss man es **verlängern**. Beim **deutlichen Sprechen** kann man die richtige Schreibweise hören.

→ Berg → Berge / Gelenk → Gelenke, gib → geben / Typ → Typen,
wild → wilder / bunt → bunter

 deutsch.kombi plus 5, S. 84–89

Ein ä oder e, äu oder eu? – Ableiten hilft!

Problem	Hilfe	Lösung
Wie schreibt man das Wort – mit ä oder e, mit äu oder eu?	Gibt es verwandte Wörter mit a oder au? Ja.	Jetzt weißt man, dass man ä oder äu schreibt.
k■mpfen – mit ä oder e?	Kampf	kämpfen mit ä
B■me mit äu oder eu?	Baum	Bäume mit äu

1 äu oder eu? Ergänze die fehlenden Buchstaben in der Zeitungsmeldung.

Berlin – Hunde sind die besten Fr____nde des Menschen. Sie sind tr____ und echte Familienmitglieder. Sie gelten h____fig als schick. Manche Hunde nehmen sogar an Schönheitswettbewerben teil. Wer in der Großstadt lebt und von einem Hund tr____mt, sollte sich das h____tzutage allerdings gut überlegen.
In einer Großstadt sind sehr viele Hunde unterwegs. Manche Hunde bellen daher ständig, statt fr____ndlich an der Seite von Herrchen oder Frauchen Gassi zu gehen. Andere Hunde fühlen sich vor den Geschäften alleingelassen und h____len. Und was passiert, wenn so ein Vierbeiner unter B____men und Str____chern sein Geschäft verrichtet? Hat sein Besitzer keinen B____tel dabei, um das Ganze wegzur____men, kann das richtig t____er werden. In New York muss man für so ein unbeseitigtes „H____fchen" im Schnitt 1000 Dollar Strafe zahlen. Das sind umgerechnet 910 ____ro. Auch in D____tschland gibt es Bestrebungen, die Strafe für zurückgelassene Hundeh____fchen von derzeit ca. 75 ____ro zu erhöhen.

Merke

Rechtschreibstrategie Ableiten 

Will man wissen, ob ein Wort mit **e** oder **ä**, **eu** oder **äu** geschrieben wird, muss man es **ableiten**. Findet man verwandte Wörter mit **a** oder **au**, dann schreibt man **ä** oder **äu**.
→ Wärme – warm, Träume – Traum

Das muss ich dir erzählen!

○ **1** David, Pablo und Lina sitzen zusammen und erzählen von ihren Geburtstagen. Lies, was sie erzählen, und markiere die Stellen, die typisch für das mündliche Erzählen sind.

David

Am Freitag hatte ich Geburtstag.
Beim Mittagessen hat meine Mutter gesagt: „Ich bin gespannt, was deine Freunde zu deiner selbst gebackenen Geburtstagstorte sagen." Mein Vater hat schon wieder nach seinem Mantel gegriffen: „Ich muss ins Büro", hat er beim Hinausgehen gesagt. „Viel Spaß beim Feiern! Übrigens hoffe ich, dass du jetzt mit deinen elf Jahren etwas vernünftiger wirst! Also dann, bis heute Abend." Das war mal wieder typisch mein Vater! Ihr kennt ihn ja. Wirklich typisch! – Dann war es erst Viertel nach eins. Ich bin in mein Zimmer gegangen und habe schon mal die Musik für später herausgesucht ...

Gestern hatte ich Geburtstag. Endlich elf!
Ihr glaubt gar nicht, wie aufgeregt ich war. Schon die Nacht vorher war total schrecklich! Aufgewacht – erst 3 Uhr! Wieder eingeschlafen, wieder wach geworden. Und so ging's weiter. Was für eine Nacht! Beim Frühstück hab ich mir voll den Kakao über mein T-Shirt gekippt. Na toll! Ich war vielleicht sauer. Geschenke gab's natürlich auch. Aber nachmittags die Party, die war am allercoolsten.

Pablo

Lina

Vor fünf Tagen bin ich elf geworden. Endlich wieder ein Jahr älter!
Meine Eltern könnten langsam mal aufhören, mich wie ein Kind zu behandeln. Von meinem Vater hab ich Ohrringe bekommen, schön, oder? Am Nachmittag hab ich dann mein neues Top angezogen, ihr wisst schon, das mit den Streifen vorne drauf. Luis wollte auch zu meiner Geburtstagsparty kommen und hat versprochen, seine Musik mitzubringen. In der Schule konnte ich mich überhaupt nicht konzentrieren. Herr Hofmann hat mich sogar beim Träumen erwischt ...

○ **2** Prüfe, welche Informationen in den Texten enthalten sind. Hake dazu die Liste ab.

	David	Pablo	Lina
Wurden die W-Fragen beantwortet?			
Wurde der Reihe nach und verständlich erzählt?			
Gab es einen Höhepunkt?			
Waren die Figuren und ihre Handlungen lebendig gestaltet?			
Hatte die Erzählung einen Schluss?			

● **3** **EXTRA** Wähle eine der Erzählungen aus und überarbeite sie. Denke dir dazu die fehlenden Informationen aus. Schreibe die überarbeitete Erzählung in dein Heft.

 deutsch.kombi plus 5, S. 90–101

So ein Schreck!

○ **1** Lies die Geschichte und unterstreiche Wörter und Sätze, die die Geschichte besonders spannend machen.

Ich muss euch was erzählen!

Neulich hab ich einen ganz schönen Schreck gekriegt. Ich hab geträumt, ich wäre mit meinem Bruder zu 'nem kleinen Teich – also so 'nem Tümpel im Wald – gegangen. Da wollten wir Verstecken spielen. Mein Bruder war als Erster mit dem Suchen dran, sodass ich schon losgegangen bin. Also ich bin schon mal vorausgerannt und hab mich hinter so 'nem großen Busch versteckt. Plötzlich hat es geraschelt. Was glaubt ihr, was ich da bei meinen Füßen gesehen habe? Eine echte Schlange! Könnt ihr euch vorstellen, wie ich mich erschrocken habe? Ich hab vor Schreck sogar so die Luft angehalten, dass ich fast vergessen habe, weiter zu atmen. Aber dann – dann hat die Schlange plötzlich ihren Kopf zur Seite gedreht, und da war ich wieder beruhigter! Wisst ihr warum? Es war – es war nämlich nur eine harmlose Ringelnatter! Und wisst ihr, woran ich das erkannt habe? An dem Halbmond, den sie am Kopf hatte! Dann hab ich meinen Bruder gerufen. – Der hat aber nichts von meinem Schreck gemerkt. Zum Glück! Sonst, na ihr kennt ihn ja, sonst hätte er mich wieder ausgelacht. Irgendwann bin ich dann total verschwitzt wach geworden.

◒ **2** **EXTRA** Notiere Informationen, die dir im Text gefehlt haben.

● **3** **PLUS** Notiere nun in Stichworten, welches Feedback du der Erzählerin geben würdest. Nenne zuerst alles, was dir gefallen hat. Beschreibe dann, was dir noch aufgefallen ist, und nenne Fragen zu den fehlenden Informationen. Gib, wenn nötig, Tipps und Vorschläge zur Verbesserung. Achte auf freundliche und positive Formulierungen.

... hat Dany erzählt

1 Dany hat folgende Geschichte über sein Hobby erzählt. Lies sie und unterstreiche alle Perfektformen.

„Ich habe schon als kleiner Junge vom Segelfliegen geträumt. Ich bin direkt neben einem Flugplatz aufgewachsen. Es waren immer Schafe da, die haben das Gras der Landebahn kurzgehalten. Ich bin zuerst immer mit meinem Bruder hingegangen; später bin ich direkt nach der Schule zum Flugplatz gelaufen. Stundenlang habe ich zugesehen, wie die Segelflugzeuge in großen Kreisen immer höher gestiegen sind. Den Tag, als ich zum ersten Mal mitgeflogen bin, habe ich bis heute nicht vergessen. Ich bin erst sieben Jahre alt gewesen, da hat mein Bruder mich im Flugzeug mitgenommen. Eigentlich bin ich jede freie Minute auf dem Flugplatz gewesen. Ich habe dort auch geholfen. Zum Beispiel habe ich das Drahtseil mit eingeholt, damit der Nächste starten konnte. Später habe ich mit dem Rasentraktor den Platz gemäht. So ist allmählich mein Wunsch, Segelflieger zu werden, entstanden."

2 Bringe die folgenden Bausteine der Perfektsätze in die richtige Reihenfolge.

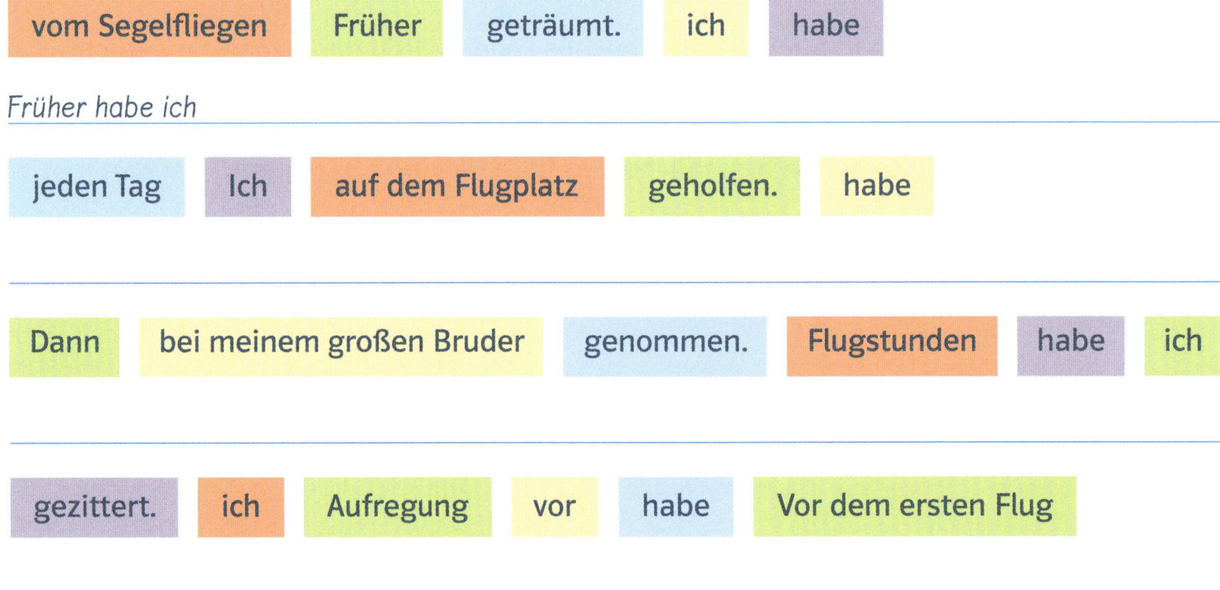

Merke
Zeitform des Verbs: Perfekt

Man verwendet das **Perfekt** meist, wenn man mündlich von etwas **Vergangenem** erzählt.

Das **Perfekt** wird mit den Formen von **haben** oder **sein** und dem **Partizip II** eines Verbs gebildet → ich habe gelacht, ich bin gelaufen

deutsch.kombi plus 5, S. 102–105

Ferienerlebnisse

1 Ergänze in den folgenden Sätzen die Perfektformen der Verben.

1. Patricia: Ich *habe* im Aquazoo ein echtes Krokodil *gesehen*. (sehen)
2. Boris: Wir ______ im Wald einen 2 kg schweren Pilz ______. (finden)
3. Sascha: Eine riesige Spinne ______ am ersten Tag über meine Hand ______. (laufen)
4. Hanka: Ich ______ mit meinem Bruder zu meiner Oma ______. (fahren)
5. Aldin: Wir ______ im Hotel unsere ehemalige Lehrerin ______. (treffen)
6. Nana: Ich ______ in der Bibliothek ein Buch über Affen ______. (ausleihen)
7. Karl: Wir ______ in unserem Ferienort eine fleischfressende Pflanze ______. (kaufen)
8. Sina: Wir ______ im Urlaub in Hamburg Austern ______. (essen)
9. Sergej: Wir ______ zweimal im Zirkus ______. (sein)
10. Antonia: Ich ______ irgendwo mein Tagebuch ______. (verlieren)
11. Mark: Ich ______ mit meinen Eltern nach Marokko ______. (fliegen)

2 Was hast du in den letzten Ferien erlebt? Schreibe fünf Sätze im Perfekt.

In den letzten Sommerferien habe ich viel erlebt!

______

______

______

______

______

Beschreib doch mal!

○ **1** Lies die E-Mail von Karl und markiere Wörter, die die Jacke beschreiben.

Von: k.pech@pech-mail.de
An: mitarbeiter@bus284.de
Betreff: Jacke verloren
Senden

Liebe Mitarbeiter der Buslinie 284,

am Donnerstag bin ich gegen 19.10 Uhr mit dem Bus dieser Linie von der Haltestelle Dürerstraße bis zur Haltestelle Schillerallee gefahren. Ich kam gerade aus dem Sportclub vom Fußballtraining. Ich habe noch so geschwitzt, dass ich meine Jacke nicht anhatte. Ich muss sie irgendwie auf die Sitzbank gelegt haben. Jedenfalls habe ich sie anscheinend im Bus liegen gelassen. Ich habe das erst gemerkt, als ich zu Hause angekommen bin und meine Mutter
einen Aufstand gemacht hat. Haben Sie sie gefunden? Die Jacke, die ich dringend brauche, ist so:
Sie hatte die Größe 158 und war aus einem wasserabweisenden Kunstfaserstoff. Sie ist oben weiß und unten blau und hat schräg über der Brust zwei rote Streifen. Außerdem hat sie noch eine blaue Kapuze. Die kann abgenommen werden. Das ist meine absolute Lieblingsjacke, sie ist wirklich cool. Die Jungen im Verein haben gesagt, dass sie auch gerne so eine Jacke mit so großen Reißverschlüssen hätten. Ich habe sie gerade erst zum Geburtstag bekommen.
Ach, und drei Taschen hat sie. In der rechten Tasche ist vielleicht noch was drin.
Bitte geben Sie mir Bescheid, ob Sie die Jacke gefunden haben und wo ich sie abholen kann.

Mit freundlichen Grüßen,
Karl Pech

○ **2** Wurde die Jacke so beschrieben, dass sie eindeutig zu erkennen ist?
Prüfe dies anhand der folgenden Liste und hake ab:

Information

- ☐ *Art des vermissten Gegenstandes*
- ☐ *genauer Ort des Verlustes*
- ☐ *Größe*
- ☐ *Form/Schnitt*
- ☐ *Material*
- ☐ *Farbe/Muster*
- ☐ *Zustand (alt, neu, angeschmutzt)*
- ☐ *Tascheninhalte und weitere Besonderheiten*

◒ **3** In der E-Mail sind viele überflüssige Details genannt. Streiche durch, welche Aussagen nicht in die E-Mail hineingehören.

● **4** **EXTRA** Verbessere Karls E-Mail an das Busunternehmen. Erfinde die fehlenden Daten.

 deutsch.kombi plus 5, S. 106–117

Ich sehe was, was ihr nicht seht

○ **1** Bei der Beschreibung von Gegenständen hilft es oft, die Farbe genau zu nennen. Ordne die Stoffe den Farbbezeichnungen zu.

1 beige | 2 anthrazit | 3 gelbgrün | 4 violett | 5 tiefblau | 6 marineblau | 7 lachsfarben | 8 weinrot | 9 zitronengelb | 10 tiefschwarz | 11 schokoladenbraun

12 mausgrau | 13 schneeweiß | 14 flaschengrün | 15 olivgrün | 16 blaugrün | 17 pink | 18 fliederfarben | 19 wollweiß | 20 silbergrau | 21 türkis | 22 rotbraun

○ **2** Sieh dir die Kleidung deiner Mitschülerinnen und Mitschüler genau an. Bezeichne die Farben von fünf Kleidungsstücken.

die olivgrüne Jacke, die weinrote Bluse, ______________________

____

____

○ **3** Bei der Beschreibung von Gegenständen muss man auch andere Merkmale benennen. Ordne den Substantiven/Nomen passende Adjektive zu.

Hose: ______________________

____

____

Pullover: ______________________

____

____

Tasche: ______________________

____

____

Sommerschuhe: ______________________

____

____

ausgetreten | bauchig | bequem | elastisch | eng | flach | flauschig | gehäkelt | ausgewaschen | groß | klein | ledern | leicht | mittelgroß | neuwertig | niedrig | rund | schmal | schwer | selbstgestrickt | warm | weit | wollig

Funktion, Farbe, Form und anderes mehr

1 Beschreibe einen der folgenden Gegenstände genau. Notiere Art und Funktion, Farbe und Muster, Einzelteile (Ausstattung und Anordnung), Auffälligkeiten. Erfinde die Größe und das Material.

2 **EXTRA** Schreibe nun eine Suchanzeige zu deinem Gegenstand. Nutze deine Ergebnisse aus Aufgabe 1 und die Liste auf Seite 30. Formuliere auch eine Überschrift, die aufmerksam macht, und schreibe sie über die Anzeige.

 deutsch.kombi plus 5, S. 106–117

Welche Sportart ist gemeint?

1 Setze die Wörter in Klammern in der richtigen Form ein. Kennst du die Sportarten? Schreibe die Bezeichnungen als Überschrift auf.

TIPP Wenn du ein Adjektiv zwischen einen Artikel und ein Substantiv/Nomen schreibst, musst du eine Endung anfügen.

a ______________________

Anja spielt auf einer *rechteckigen* Fläche (rechteckig) mit einer Bande rundherum. In ihrer Mannschaft sind gleichzeitig sechs Spielerinnen auf dem ____________ Eis (blank). Alle müssen ________ Schlittschuhläuferinnen (gut) sein. Den ____________ Schläger (hölzern) führt jede mit ihrer ______________ Hand (geschickt) am ________ Ende (oberes). Zum Schutz vor ____________ Verletzungen (schwer) im Gesicht tragen alle ________ Plexiglasmasken (stabil). Das Ziel des ________ Spiels (schnell) besteht darin, die ____________ Scheibe (klein) möglichst oft ins ____________ Tor (gegnerisch) zu schießen.

b ______________________

Nancy spielt auf einer 40 Meter langen Eisbahn. Mit ihr versuchen noch drei weitere Spielerinnen, ihre ______________ Steine (20 kg schwer) im „House", dem ____________ Zielfeld (kreisförmig), möglichst nahe dem Zentrum unterzubringen. Es ist ein ____________ Spiel (interessant), weil in ____________ Durchgang (jeder) im Wechsel mit dem ____________ Team (gegnerisch) jede Spielerin zweimal spielt. Dabei dürfen auch die Steine des Gegners hinausgestoßen werden. Die Spielerinnen geben ihrem Stein in einem ________ Ausfallschritt (tief) einen ____________ Schubs (leicht). Nur auf ____________ Eis (rau) gleitet er. Beim Loslassen erhält der Stein eine Rotation[1]. Seinen Weg kann man durch ________ Wischen (kräftig) mit einem ____________ Besen (speziell) verlängern. Die Wertung erfolgt jeweils nach dem ________ Stein (letzte).

1 Rotation: Drehung eines Körpers um eine Achse

 deutsch.kombi plus 5, S. 118–121

groß – größer – am größten

1 Schreibe die Adjektive aus dem Text a auf Seite 33 in die Tabelle und steigere sie. Prüfe, welche Adjektive sich nicht steigern lassen.

Grundstufe (Positiv)	1. Vergleichsstufe (Komparativ)	2. Vergleichsstufe (Superlativ)
rechteckig	–	–
blank	*blanker*	*am blankesten*

2 wie oder als? – Füge das richtige Wort ein.

1. Bernd läuft viel schneller ____________ ich.
2. Katharina ist genauso nervenstark ____________ ihr großer Bruder.
3. Unsere Klasse hat cleverer gespielt ____________ unsere Parallelklasse.
4. Willi ist stärker ____________ Ali.
5. Anja findet Eisschnelllaufen genauso spannend ____________ Radfahren.
6. Unser Englischlehrer ist strenger ____________ unsere Deutschlehrerin.

Merke

Steigerung der Adjektive

Die meisten Adjektive kann man steigern.

Grundstufe (Positiv)	**1. Vergleichsstufe (Komparativ)**	**2. Vergleichsstufe (Superlativ)**
Der Reifen ist schmal.	Die Rollen sind schmaler.	Die Kufen sind am schmalsten.

Die Grundstufe steht meist mit **wie** → so schmal wie

Die 1. Vergleichsstufe steht meist mit **als** → schmaler als

Spiele spielen

1 Setze die passenden Adjektive in den Text ein.

normalen | ruhiger | glückliche | ~~großen~~ | geringeltem | bunten | wichtigste | leeren | glatten

Hannah spielt gerne mit ihrer _großen_ Schwester. Sie setzen sich an den ______________ Tisch. Dann nimmt Hannah die ______________ Holzstäbe zusammen und lässt sie auf den Tisch fallen. Die Stäbe müssen nun mit ______________ Hand nacheinander aufgenommen werden. Die anderen Stäbe dürfen sich nicht bewegen.
Es gibt verschiedene Möglichkeiten, die ______________ Hölzer aufzuheben.
Konzentriert überlegt Hannah, ob sie den unteren Stab herauszieht oder den oberen vorsichtig aufstellt. Der ______________ Stab ist aus ______________ Holz.
Mit ihm darf die ______________ Besitzerin die ______________ Stäbe berühren.
Das Spiel ist vorbei, wenn alle Stäbe aufgenommen wurden.
Hast du das Spiel erkannt? Schreibe den Namen auf. ______________

2 Markiere im Text die 16 Adjektive.

Sascha spielt gern gegen mehrere gleichaltrige Spieler. Dann geht er von einem Brett zum andern. Er wirft einen genauen Blick auf die 64 Felder mit den weißen und schwarzen Figuren, überlegt und zieht oder schlägt. Mit den vielen Besonderheiten der Figuren kennt er sich aus und kann so rechtzeitig den richtigen Zug ausführen. Bei Zeitüberschreitung verliert man nämlich die gesamte Partie und nicht nur, wenn der eigene König matt gesetzt wird.
Am besten gefällt es Sascha, wenn er gleichstarke Gegner besiegt. Beim letzten Turnier gingen vier Spiele remis[1] aus. Ein Spiel musste er aufgeben, weil sein König in einer aussichtslosen Stellung war. Kürzlich hat man bei wissenschaftlichen Untersuchungen herausgefunden, dass man für diese Sportart kein großes Mathe-Ass sein muss. Sascha weiß, dass er nur durch fleißiges Üben stärker wird. Besondere Freude bereitet es ihm, wenn er jemanden für sein spannendes Lieblingsspiel begeistern kann.
Hast du das Spiel erkannt? Schreibe den Namen auf. ______________

1 remis: unentschieden

 deutsch.kombi plus 5, S. 118–121

Post für dich

1 Trage die Anredeformeln und Grußformeln in die Tabelle ein.

Hallo Björn,

Mit besten Grüßen

Küsschen, dein/deine ...

Liebe Grüße

Lass es dir gut gehen!

Hi, ihr Lieben,

Sehr geehrter Herr Direktor,

Sehr geehrte Frau Dr. Schulze,

Ich verbleibe mit freundlichen Grüßen.

Sehr geehrte Damen und Herren,

Lieber Herr Walter,

Liebe Lola,

Bis bald!

Tschüss

	offizieller Brief	privater Brief
Anredeformel	*Sehr geehrte Frau Dr. Schulze,*	
Grußformel		

2 **EXTRA** Fallen dir noch andere Wendungen ein, die du gerne verwendest? Ergänze sie in der Tabelle.

Neue Briefe – alte Briefe

1 Lies die E-Mail und den Brief und vergleiche beide miteinander.

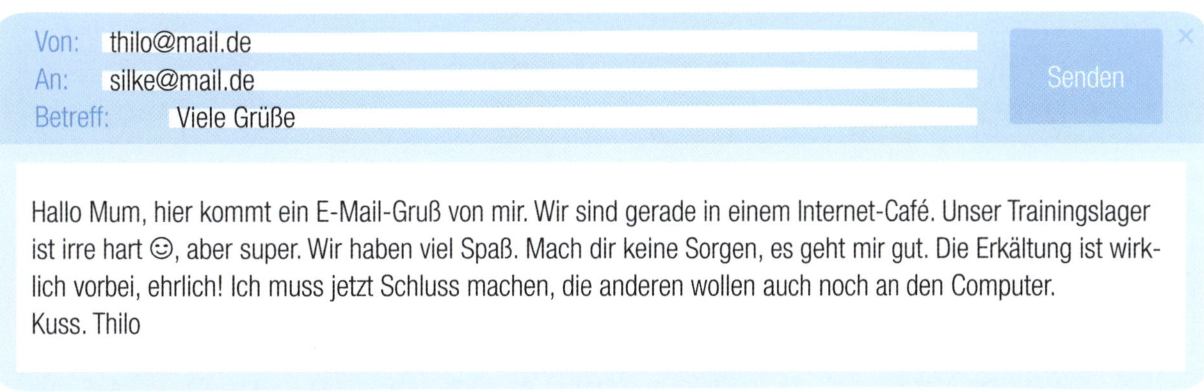

Hallo Mum, hier kommt ein E-Mail-Gruß von mir. Wir sind gerade in einem Internet-Café. Unser Trainingslager ist irre hart ☺, aber super. Wir haben viel Spaß. Mach dir keine Sorgen, es geht mir gut. Die Erkältung ist wirklich vorbei, ehrlich! Ich muss jetzt Schluss machen, die anderen wollen auch noch an den Computer.
Kuss. Thilo

Brief des dreizehnjährigen W.A. Mozart (1756–1791) an seine Mutter

Allerliebste mamma! *Wirgl, Dezember 1769*

Mein Herz ist völlig entzücket aus lauter Vergnügen, weil mir auf dieser reise so lustig ist, weil es so warm ist in dem wagen und weil unser gutscher ein galanter[1] kerl ist. Welcher, wenn es der weg ein bischen zuläßt so geschwind fahrt. Die reisebeschreibung wird mein papa der mama schon erkläret haben, die ursache daß ich der Mama geschrieben ist, zu zeigen, daß ich meine schuldickeit weis, mit der ich bin in tiefsten Respect ihr getreuer sohn

Wolfgang Mozart

1 galant: besonders höflich, freundlich

2 Welche Unterschiede fallen dir zwischen der E-Mail und dem Brief auf? Schreibe sie auf.

3 **PLUS** Schreibe Mozarts Brief in der heute gültigen Rechtschreibung.

Rätsel mit der Post

1 Suche die 15 versteckten Begriffe. Achtung! Es sind drei Abkürzungen und ein englisches Wort dabei.

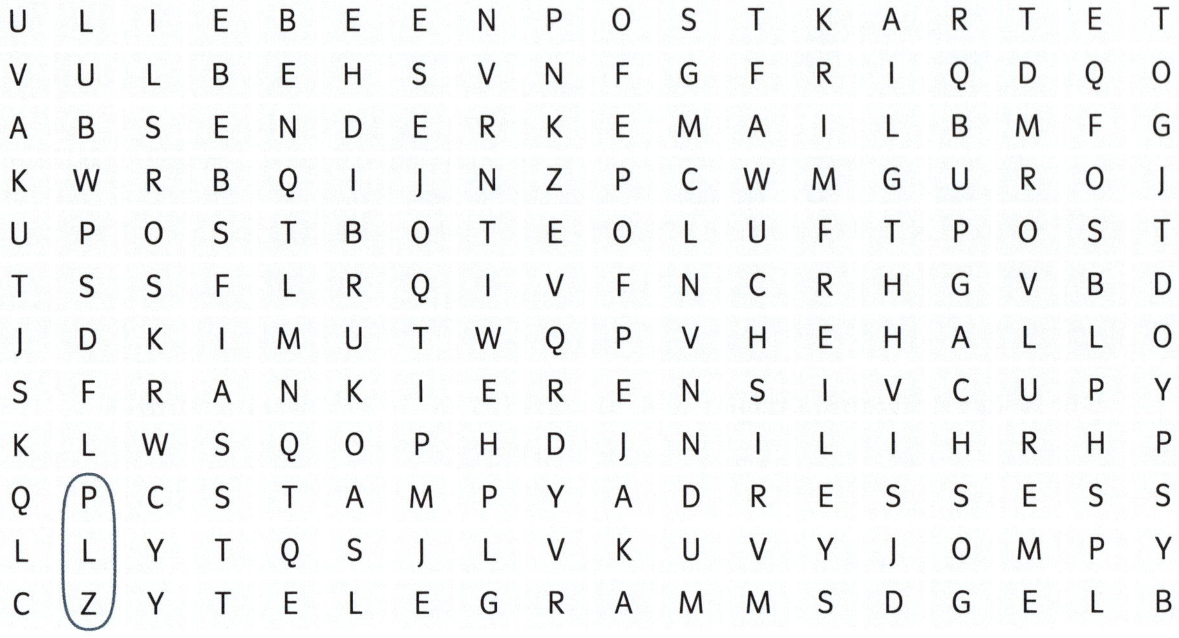

U	L	I	E	B	E	E	N	P	O	S	T	K	A	R	T	E	T
V	U	L	B	E	H	S	V	N	F	G	F	R	I	Q	D	Q	O
A	B	S	E	N	D	E	R	K	E	M	A	I	L	B	M	F	G
K	W	R	B	Q	I	J	N	Z	P	C	W	M	G	U	R	O	J
U	P	O	S	T	B	O	T	E	O	L	U	F	T	P	O	S	T
T	S	S	F	L	R	Q	I	V	F	N	C	R	H	G	V	B	D
J	D	K	I	M	U	T	W	Q	P	V	H	E	H	A	L	L	O
S	F	R	A	N	K	I	E	R	E	N	S	I	V	C	U	P	Y
K	L	W	S	Q	O	P	H	D	J	N	I	L	I	H	R	H	P
Q	P	C	S	T	A	M	P	Y	A	D	R	E	S	S	E	S	S
L	L	Y	T	Q	S	J	L	V	K	U	V	Y	J	O	M	P	Y
C	Z	Y	T	E	L	E	G	R	A	M	M	S	D	G	E	L	B

2 Löse nun das Kreuzworträtsel. Die Begriffe aus Aufgabe 1 helfen dir dabei.

1. Private weibliche Briefanrede
2. Abkürzung für Postskriptum
3. elektronischer Brief
4. Eilbrief
5. Abkürzung für eine offizielle Grußformel
6. Anschrift
7. Schreiber eines Briefes
8. Ansichtskarte
9. Brief, der per Flugzeug verschickt wird
10. Farbe von Briefkästen
11. Briefmarke aufkleben
12. Briefträger
13. Anredeform
14. Abkürzung für Postleitzahl
15. Englisch für Briefmarke

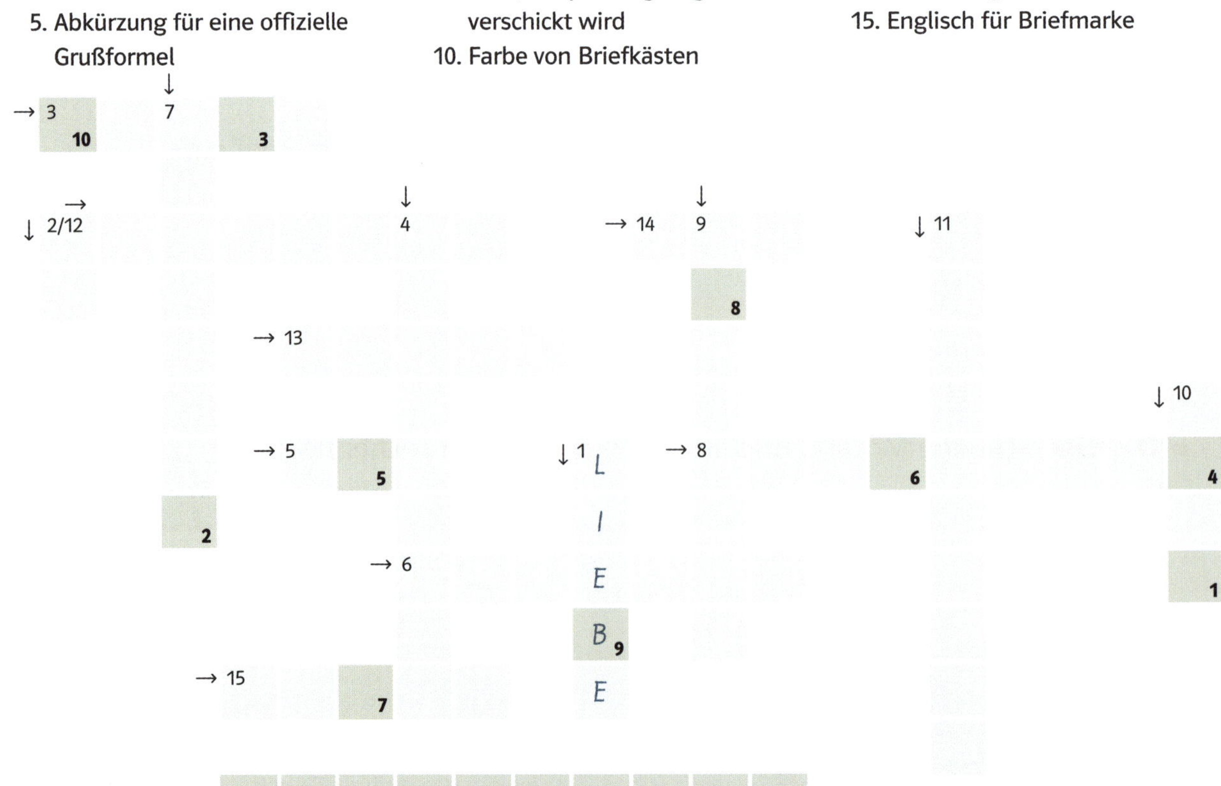

Lösungswort: 1 2 3 4 5 6 7 8 9 10

Briefe helfen weiter

1 Versuche, den Brief der Schülervertretung an den Direktor der Schule zu verstehen, obwohl einige Wörter fehlen.

Sehr geehrter Herr Ulrich,

wie ______ bekannt ist, sind die Toiletten an ______ Schule ein großes Problem. Täglich können ______ ja selbst sehen, wie die Wände bekritzelt und die Rollen in den Abfluss geworfen werden. Neulich wurden Toiletten aus ______ Verankerungen gerissen.

Trotzdem sind wir gegen ______ Absicht, bestimmte Toilettenbereiche vollständig zu schließen. Die 8. Klassen haben mit ______ Vorschlägen, wie z. B. Eigenreinigung, Verleihung der „Goldenen Klobürste", Zeichen gesetzt.

Wir, die drei 5. Klassen, haben überlegt, wie wir das Toiletten-problem an ______ Schule lösen können. Wir bitten um einen Termin, um ______ ______ Vorschläge zu erklären.

Für die Schülervertretung

mit freundlichen Grüßen

...

ihren

ihren

Ihre

Ihnen

Sie

unserer

unserer

Ihnen

unsere

2 Gib kurz mit eigenen Worten wieder, was die Schülervertretung geschrieben hat.

3 Ergänze in dem Brief die fehlenden Pronomen.

Merke
Wenn jemand mit „Sie" angesprochen wird, werden die Anredepronomen Sie, Ihr, Ihre, Ihnen großgeschrieben.

Brief an Hund und Katz'

Liebe Carina, lieber Janus,

viele liebe Grüße aus dem Urlaub sendet ____________ Pia. Wir haben so ein Glück mit dem Wetter, es sind jeden Tag 30 Grad. Wie ist es denn bei ____________? Ich hoffe, nicht so warm. Bello kann solche Hitze nicht ausstehen. Wie geht es ____________ überhaupt? Verträgt ____________ sich mit ____________ Kater? Oh, entschuldigt, jetzt habe ich nicht mal gefragt, wie es ____________ geht. Ich hoffe, ____________ genießt die Ferien genauso wie ich. Ich freue mich, ____________ bald wiederzusehen! Lasst es ____________ gut gehen. Grüßt Bello und knuddelt ____________ von ____________.

Liebe Grüße

Pia

1 Lies den Brief. Gib mit eigenen Worten kurz wieder, was Pia schreibt.

2 Ergänze in dem Brief die fehlenden Pronomen.

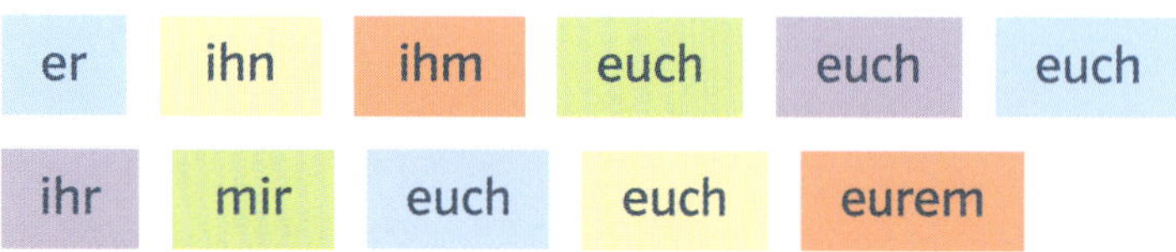

3 Schreibe einen kurzen Brief an einen Erwachsenen oder einen Freund. Lade ihn ein oder teile ihm etwas Wichtiges mit. Achte auf die Schreibung der Anredepronomen.

 »» deutsch.kombi plus 5, S. 132–135

Ein Scherz am Schwarzen Brett

1 Pia hat ihrer Oma eine E-Mail geschrieben. Sie enthält viele Wiederholungen. Ersetze die unterstrichenen Wörter durch die passenden Personalpronomen.

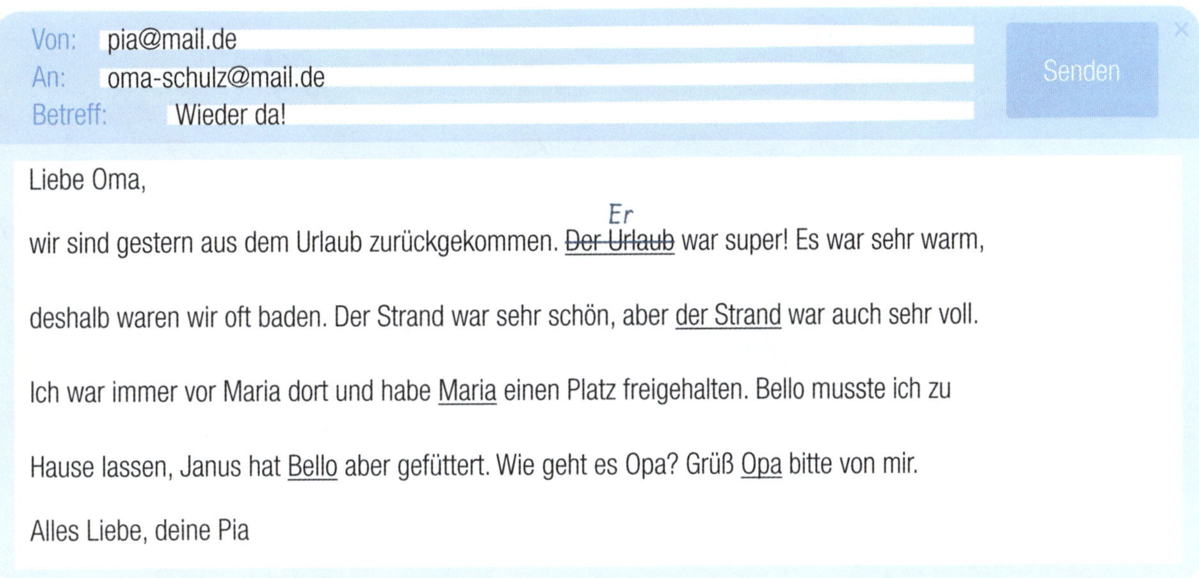

Von: pia@mail.de
An: oma-schulz@mail.de
Betreff: Wieder da!
Senden

Liebe Oma,

wir sind gestern aus dem Urlaub zurückgekommen. ~~Der Urlaub~~ *Er* war super! Es war sehr warm, deshalb waren wir oft baden. Der Strand war sehr schön, aber <u>der Strand</u> war auch sehr voll. Ich war immer vor Maria dort und habe <u>Maria</u> einen Platz freigehalten. Bello musste ich zu Hause lassen, Janus hat <u>Bello</u> aber gefüttert. Wie geht es Opa? Grüß <u>Opa</u> bitte von mir.

Alles Liebe, deine Pia

2 Ordne die Personalpronomen aus Aufgabe 1 in die Tabelle ein.

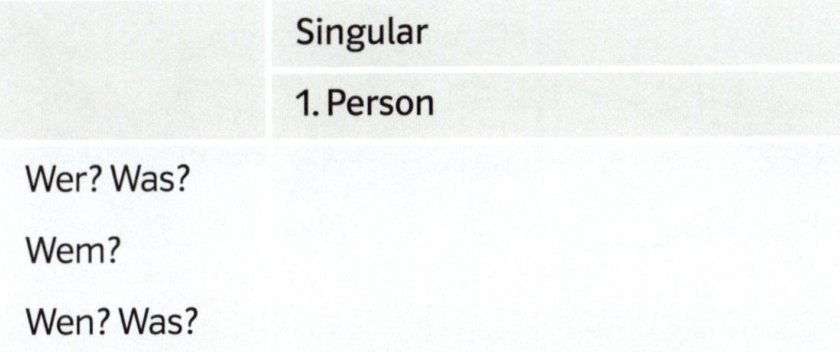

	Singular
	1. Person
Wer? Was?	
Wem?	
Wen? Was?	

3 Hier hat sich jemand einen Scherz am Schwarzen Brett erlaubt. Unterstreiche die Possessivpronomen im Text.

Liebe Schülerinnen und Schüler,

nach der Projektwoche im Wald haben sich viele Fundsachen angesammelt.
Wir können die folgenden Gegenstände nicht zuordnen:
- Wem gehört der blaue Regenschirm mit weißen Punkten? *Das ist meiner.*
- Wem gehört das Handy mit der Hülle in Regenbogenfarben? *Das ist meines.*
- Wem gehört die Regenjacke mit dem kaputten Reißverschluss? *Das ist meine.*
- Wem gehören die Gummistiefel mit den kleinen Rehen drauf? *Das sind meine.*

Bitte meldet euch im Sekretariat.
Vielen Dank
Die Schulleitung

4 Schreibe für die Schülerzeitung einen witzigen Leserbrief, in dem du von dem Scherz am Schwarzen Brett berichtest.

Mit dem Stadtplan unterwegs

1 Sieh dir den Stadtplan an und lies die Wegbeschreibungen. Zeichne die fehlenden Gebäude in den Stadtplan ein.

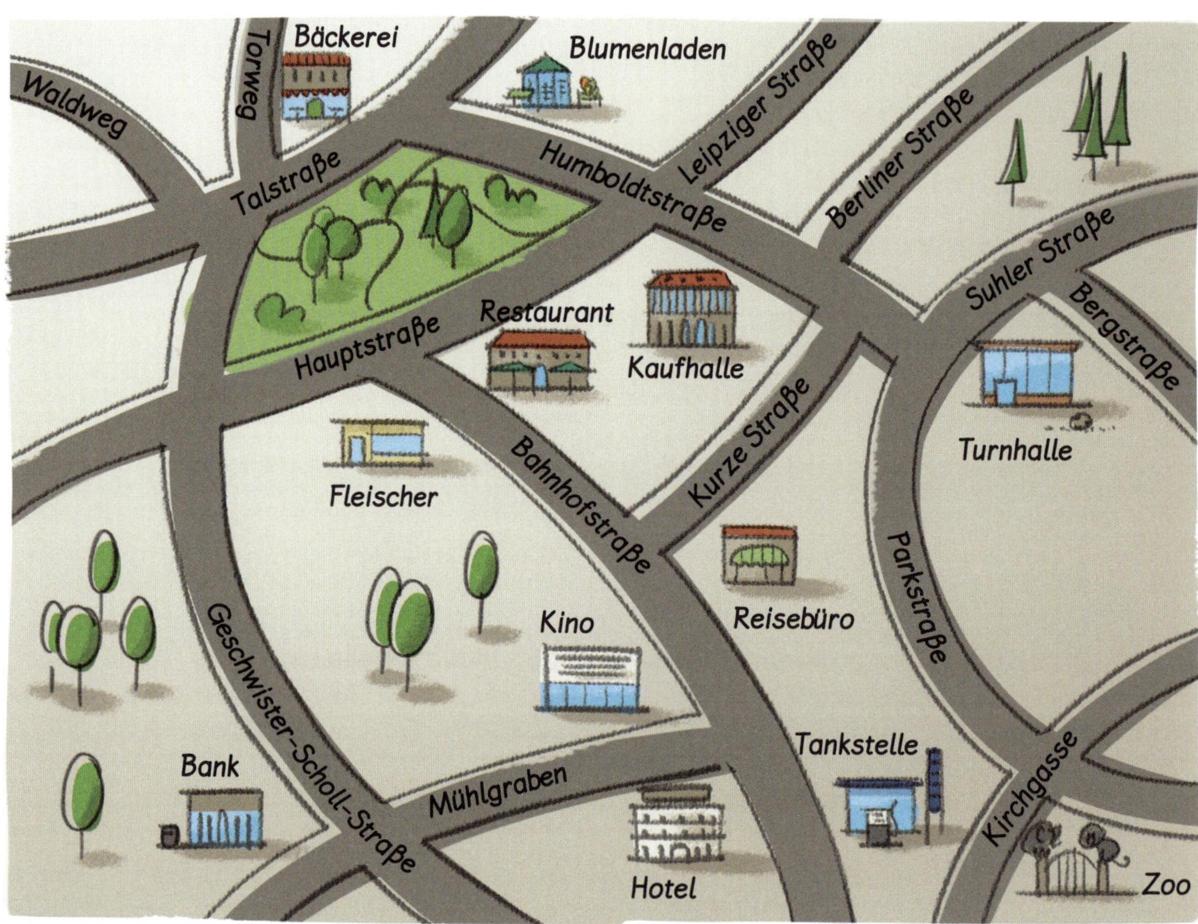

1. Das Theater: Wir stehen jetzt vor dem Bäcker in der Talstraße. Geh die Talstraße nach links ein Stück geradeaus bis zur Humboldtstraße. Biege rechts in die Humboldtstraße. Gehe an der Kaufhalle vorbei geradeaus bis zur Kurzen Straße und gehe dort rechts. Das Theater ist gegenüber vom Reisebüro.

2. Der Kindergarten: Wenn du vom Theater zum Kindergarten gehen möchtest, musst du hier rechts in die Bahnhofstraße gehen. Geh bis zur Hauptstraße geradeaus und biege dort links ab. Die nächste Straße musst du gleich wieder rechts gehen. Auf der linken Seite ist der Kindergarten.

3. Die Schule: Vom Kindergarten zur Schule ist es ganz schön weit. Du musst die Geschwister Scholl Straße ein kleines Stück zurückgehen und links in die Hauptstraße einbiegen. Geh die Hauptstraße bis zur Humboldtstraße geradeaus und biege dort rechts ab. Ganz am Ende der Humboldtstraße musst du rechts in die Parkstraße gehen. An der Ecke Parkstraße/Kirchgasse, ist die Schule auf der linken Seite.

4. Die Post: Gehe von der Schule aus die Parkstraße bis zur Humboldtstraße geradeaus. Gehe dann in die Humboldtstraße und geradeaus bis zur Hauptstraße. Die Hauptstraße musst du links langgehen, bis du zur Geschwister-Scholl-Straße kommst. Dort an der linken Ecke ist die Post.

 deutsch.kombi plus 5, S. 136–147

deutsch.kombi plus 5

Lösungen zum Arbeitsheft Differenzierende Ausgabe

Lösungen Seite 4
Aufgabe 1:
(Beispiellösung)
Sie heißt Anna. Ihr Hobby ist Musikhören. Sie hat vier Geschwister, eine Schwester und drei Brüder. Am liebsten isst sie Pizza.
Sein Name ist Ferhat. Er spricht zu Hause Türkisch, aber er war erst einmal in der Türkei. Er fährt gern mit dem Fahrrad zur Schule und spielt Fußball. Später möchte er Fußballtrainer werden.
Er heißt Igor. Er ist in Russland geboren und vor sieben Jahren nach Deutschland gezogen. Mit seinen Eltern spricht er Russisch. Er verbringt viel Zeit am Computer und spielt gern Basketball.
Ihr Name ist Stefanie. Sie ist in Worms am Rhein geboren. Sie spricht Deutsch und ein bisschen Englisch. Sie interessiert sich für Hunde und Fantasy-Bücher. Außerdem trifft sie sich gern mit ihren Freundinnen.

Lösungen Seite 5
Aufgabe 2:
(Beispiellösung)
2. Was machst du besonders *gern*?
3. Welchen Beruf möchtest du später *einmal haben*?
4. Wer gehört zu *deiner Familie*?
5. Welches Haustier *hättest du gern*?
6. Welche Band *gefällt dir*?
7. Welchen *Fußballspieler magst du am liebsten*?
8. Was liest *du gerade*?
9. Welches Musikinstrument *spielst du*?

Aufgabe 3:
individuelle Lösungen

Lösungen Seite 6
Aufgabe 1:
(Beispiellösung)
„Der ist immer so still", „Von dem merkt man gar nichts.", „Komisch, dass er keinen Freund hat", „Du hast ganz viele Sommersprossen auf der Nase!"

Aufgabe 2:
(Beispiellösung)
a) Zuerst ist den Kindern egal, dass Hannes weg ist, dann machen sie sich Sorgen. Am Ende sind sie froh, dass Hannes wieder da ist, und interessieren sich für ihn.
b) Hannes hat sich verspätet, weil er einen Stock geschnitten hat und sich dann ein bisschen verlaufen hat.

Aufgabe 3 EXTRA:
individuelle Lösungen
Aufgabe 4 PLUS:
individuelle Lösungen

Lösungen Seite 7
Aufgabe 1:
warten, begeistern, sehen, waschen, rennen, spielen, weinen
Aufgabe 2:
individuelle Lösungen
Aufgabe 3:
individuelle Lösungen
Aufgabe 4:
(Beispiellösung)
Ich **singe**
Du **singst**
Wir **singen**
Meine Freundin **singt**
Der Vogel **singt**
Ihr **singt**
Die Kinder **singen**
Die Endung der Verform verändert sich: sing- + -e/-st/-t/-en/-t/-en.

Lösungen Seite 8
Aufgabe 1:
müssen, können, lesen, sehen, werfen, sprechen, wollen, erschrecken, essen

Aufgabe 2:
(Beispiellösung)
Du **hast** Recht.
Er **hat** einen Hund.
Sie **hat** viele Bücher.
Wir **haben** Deutschunterricht.
Ihr **habt** Hausaufgaben auf.
Sie **haben** großen Hunger.
Du **bist** groß.
Er **ist** schüchtern.
Sie **ist** laut.
Wir **sind** in der 5. Klasse.
Sie **sind** schon in der 6. Klasse.
Aufgabe 3:
isst, sagt, essen, teilst, bekommt, sagt, hat, läuft, hält, schauen, sagt, weiß, wartet, verteilt

Lösungen Seite 9

Aufgabe 1:
2. Fährst du gern Ski?
3. Fährst du gern Rad?
4. Spielst du gern Fußball?
5. Siehst du gern Sportsendungen?
6. Liest du gern Sportbücher?

Aufgabe 2:
2. Wie alt bist du?
3. Was machst du gern?
4. Wo wohnst du?
5. Wer ist dein Freund?
6. Wofür interessierst du dich besonders?
7. Womit beschäftigst du dich am Wochenende?
8. Wem schreibst du manchmal eine Nachricht?

Aufgabe 3:
individuelle Lösungen

Lösungen Seite 10

Aufgabe 1:
Nico Kilian, willst du mal mein neues Fahrrad sehen?
Klara Ruhe jetzt! Wir wollen doch über unser Ausflugsziel beraten. Wohin könnten wir also fahren?
Karl Wie oft soll ich's noch sagen, ein Heuhotel – es gibt nichts Besseres, sage ich euch. Ich war in den Ferien auf einem Bauernhof … Ich weiß gar nicht, wieso wir darüber noch lange diskutieren!
Dana Du schon wieder! Heuhotel – Von dir kommen doch nur blöde Vorschläge!
Tanja Karls Idee mit dem Heuhotel finde ich interessant. Karl, könntest du das mal erklären?
Rafael Also, in einem Heuhotel schläft man nicht im Bett, sondern im Heu …
Melissa Hi, hi, im Heu! Mit Ratten und Mäusen zusammen!
Klara Lass ihn doch mal ausreden! Immer redest du dazwischen!
Melissa Du bist blöd!
Dana Könnte ich vielleicht auch mal etwas sagen! Immer reden die Jungs.
Nico Also ich bin für eine Radtour.
Dana Radtour, wenn ich das schon höre. Du willst nur dein Rad vorführen, Angeber!
Tanja Waren wir nicht noch beim Heuhotel?
Rafael Stimmen wir doch einfach ab!
Nico Klar, ist etwa jemand gegen eine Radtour? Der kann ja laufen.
Klara Mir reicht's! Mit euch kann man nicht reden! Macht doch, was ihr wollt!

Aufgabe 2:
(Beispiellösung)
- „Von dir kommen doch nur blöde Vorschläge!" Gesprächsregel: freundlich und höflich sein, niemanden beschimpfen oder beleidigen
- „Immer redest du dazwischen!" Gesprächsregel: einander zuhören und ausreden lassen
- „Radtour, wenn ich das schon höre. Willst nur dein Rad vorführen, Angeber!" Gesprächsregel: Meinungen und Gefühle anderer zulassen und achten

Aufgabe 3 EXTRA:
Dana beleidigt diejenigen, die Vorschläge machen. Sie macht selbst aber keine anderen Vorschläge. Weil die anderen sich nicht mehr trauen, etwas zu sagen und sie selbst keine Vorschläge macht, kann das Gespräch so sehr schnell ohne ein Ergebnis enden. Deshalb werden solche Äußerungen als „Gesprächskiller" bezeichnet.
Aufgabe 4 PLUS:
individuelle Lösungen

Lösungen Seite 11

Aufgabe 1:
individuelle Lösungen
Aufgabe 2:
individuelle Lösungen

Lösungen Seite 12

Aufgabe 1:
individuelle Lösungen
Aufgabe 2:
Jana (12 Jahre) Ich finde es überflüssig, einen Klassen- oder Schulsprecher zu wählen. Diese Leute wollen sich doch nur wichtigmachen. Und wenn's hart auf hart kommt, halten sie doch nur zu den Lehrern.
Corinna (12 Jahre) Ich gehe in eine sehr große Schule mit über 1000 Schülern. Unser Klassensprecher hat öfter eine Versammlung. Und was er dort erfährt, teilt er uns sofort mit. Super!
Jens Grau (Verbindungslehrer) Willst du wirklich auf dein Mitbestimmungsrecht verzichten? Was wäre die Schule ohne die gewählten Schülervertreter? Stell dir vor, dann könnten die Lehrer wirklich alle machen, was sie wollen! Aber man muss ihnen auch sagen können, dass sie etwas nicht richtig machen.
Ali (11 Jahre) Jana hat völlig Recht. Ich finde auch, dass Klassensprecher nur die Chefs der Klasse sein wollen, um zu bestimmen. Und bei großen Streitereien halten sie zu den Lehrern, um aufzufallen und gelobt zu werden.
Till (11 Jahre) Richtig, Jana! Klassensprecher sollte man abschaffen! Was die können, können wir schon lange! Unsere Klassensprecherin spricht immer nur für einige Schüler, meistens die Mädchen. Ist das bei euch genauso?
Ida (12 Jahre) Was meinst du, Jana, wer bei uns an der Schule Filmabende, Schuldiskos, die „Kulturarena" und Sporttage organisiert? Das machen der Schülersprecher und die SV. Ich selbst bin Klassensprecherin und sage, wenn der Klasse etwas nicht passt.

Leon (13 Jahre) Überflüssig ist nur der falsche Klassensprecher. Denn der richtige sollte eure Probleme, Sorgen und Wünsche an eure Lehrer weitergeben und mit ihnen nach Lösungen suchen. Tut er das nicht, löst ihn ab. Wählt einen, der für euch kämpft.

Aufgabe 3:
individuelle Lösungen

Lösungen Seite 13

Aufgaben 1 und 2:
1. Elena ruft: „Hey, warte mal bitte!“
2. Jan fragt: „Ja, was ist denn?“
3. Elena fragt: „Kannst du mir morgen das neue Buch mitbringen?“
4. Jan antwortet: „Na gut, ich habe es gerade durchgelesen.“
5. Elena sagt: „Super, ich bin schon so gespannt, wie es weitergeht!“
6. Jan fordert: „Aber gib es mir dieses Mal gleich wieder, wenn du fertig bist!“

Aufgabe 3:
individuelle Lösungen

Lösungen Seite 14

Aufgabe 3:
individuelle Lösungen
Aufgabe 4:
1. Arktis, 2. Landfläche, 3. Erdball, 4. Südpol

Lösungen Seite 15

Aufgabe 3:
Vor langer Zeit lebte ein König, der hatte eine wunderschöne Tochter. Beim Schloss des Königs lag ein dunkler Wald. In dem Wald war unter einer Linde ein Brunnen. Dort spielte die Königstochter oft mit einer goldenen Kugel. Eines Tages fiel die Kugel in den Brunnen, der so tief war, dass man keinen Grund sehen konnte …

Lösungen Seite 16

Aufgabe 1:
der Wal – der Wall, die Gase – die Gasse,
die Hüte – die Hütte, der Aal – das All,
die Rate – die Ratte, sie lasen – sie lassen,
der Ofen – offen, der Schal – der Schall
Aufgabe 2:
Zuschauer – Sonnenbrille – Donnerwetter – Nadelbaum – Szenen – Zauberer – Schlafwandeln – Roboter – Aufführung – Gabelbissen – Rolle – Körpersprache
Aufgabe 3:
(Beispiellösung)
Handballweltmeister, Sommerferienreise, Sommerreifenwechsel, Reiserucksack, Sommerregen, Sommerfell

Lösungen Seite 17

Aufgabe 1:
1. Katze, 2. Glatze, 3. schwitze, 4. schmatzen, 5. kitzeln, 6. glotzen, 7. Spatzen, 8. Witze
Aufgabe 2:
Lösungswort: Spaghetti

Aufgabe 3:

O	A	M	Ü	C	K	E	R	G	X	J	N
O	W	W	A	E	G	Y	D	J	C	H	T
Q	Q	K	O	G	Z	B	Ä	C	K	E	R
R	O	E	Y	K	G	G	T	Z	S	C	E
X	X	N	G	G	R	V	R	A	P	K	T
E	I	B	R	Ü	C	K	E	G	U	E	N
S	P	U	C	K	E	N	Q	A	K	Q	K

Lösungen Seite 18

Aufgabe 1:
individuelle Lösungen
Aufgabe 2:
1. Wo sind denn …; 2. Guck mal, was …;
3. Du brauchst gar nicht …, 4. Man bin ich wütend …;
5. Oh nein! …, 6. Hallo, mein liebes …
Aufgabe 3:
individuelle Lösungen

Lösungen Seite 19

Aufgabe 1:
individuelle Lösungen
Aufgabe 2 EXTRA:
individuelle Lösungen

Lösungen Seite 20

Aufgabe 1:
Es ist schon spät. Oliver sitzt am Computer und schreibt einen Text. Er muss zur nächsten Deutschstunde eine Geschichte erfinden. Plötzlich klingelt nebenan das Telefon. Wer ruft da an? Er steht auf und verlässt das Zimmer. In diesem Moment kommt Kater Wanja aus seiner Ecke. Er verfolgt eine Fliege, die auf den Computer fliegt. Wanja springt hinauf auf den Computertisch und wieder hinunter. Die Fliege fängt er nicht. Als Oliver das Zimmer wieder betritt, sieht er mit Entsetzen den dunklen, leeren Bildschirm. Gleich fällt ihm Wanja ein, der inzwischen wieder gemütlich in seiner Ecke liegt …
Aufgabe 2:
Es war schon spät. Oliver saß am Computer und schrieb einen Text. Er musste zur nächsten Deutschstunde eine Geschichte erfinden. Plötzlich klingelte nebenan das Telefon. Wer rief da an? Er stand auf und verließ das Zimmer. In diesem Moment kam Kater Wanja aus seiner Ecke. Er verfolgte eine Fliege, die auf den Computer flog. Wanja sprang hinauf auf den Computertisch und wieder hinunter. Die Fliege fing er nicht. Als Oliver das Zimmer wieder betrat, sah er mit Entsetzen den dunklen, leeren Bildschirm. Gleich fiel ihm Wanja ein, der inzwischen wieder gemütlich in seiner Ecke lag …
Aufgabe 3:
individuelle Lösungen

Lösungen Seite 21
Aufgabe 1:
1. rief, 2. fällt, 3. schlafen, 4. erhielt, 5. heißen, 6. rät, 7. ließ, 8. schrieb, 9. steigt, 10. entscheiden, 11. beschließt, 12. vergaß, 13. verlässt, 14. schwamm
Lösungswort: Vergangenheit
Aufgabe 2:

	Infinitiv (Grundform)	Präsens	Präteritum
A	schreien	er schreit	er schrie
	rufen	sie ruft	sie rief
	bleiben	er bleibt	er blieb
	schweigen	er schweigt	er schwieg
B	essen	sie isst	sie aß
	fließen	er fließt	er floss
	vergessen	er vergisst	er vergaß
	verlassen	sie verlässt	sie verließ

Lösungen Seite 22
Aufgabe 1:
(Beispiellösung)
Donnerstagabend, acht Kamele aus einem Zirkus in Schweinfurt ausgebüxt, hielten sich auf John-F.-Kennedy-Platz auf, Verkehrsbehinderungen, ein Tier in einen Unfall verwickelt
Aufgabe 2:
individuelle Lösungen
Aufgabe 3:
individuelle Lösungen
Aufgabe 4:
1 Immer nur im Gehege rumstehen und warten, dass man auf die Bühne muss … das kann doch nicht alles sein!
2 Ich möchte so gerne mal die Stadt erkunden und die Welt entdecken.
3 Es muss doch irgendeinen Ausweg geben … die anderen kommen bestimmt mit!
4 Man muss nur gründlich suchen … hier ist ein Loch im Gitter! Ein bisschen eng, aber es müsste reichen.
5 Jetzt muss nur noch die Vorstellung beginnen, dann kann's losgehen.
6 So, das war ja einfacher, als gedacht. Oh nein! Was machen denn die anderen? Die können doch nicht einfach auf die Straße rennen!
7 Jetzt wurde unser Kleinstes auch noch angefahren … was machen wir jetzt?

Lösungen Seite 23
Aufgabe 5:
individuelle Lösungen
Aufgabe 6:
individuelle Lösungen
Aufgabe 7 EXTRA:
individuelle Lösungen

Lösungen Seite 24
Aufgabe 1:
(Beispiellösung)
1. gib es mir (geben), der Raub (rauben), das Kalb (Kälber), das Grab (Gräber), der Typ (Typen), das Sieb (sieben)
2. das Werk (Werke), die Burg (Burgen), der Zwerg (Zwerge), der Weg (Wege) , das Werkzeug (Werken) (zeugen), der Schlag (schlagen)
3. der Hund (Hunde), leicht (leichter), laut (lauter), die Wand (Wände), bunt (bunter), gesund (gesünder), die Wut (wütend)

Aufgabe 2:
(Beispiellösung)
Burgtor (Burgen), Krautsalat (Kräuter), Handwerker (Hände), Landschaft (Länder), Waldweg (Wälder), Goldsack (goldig), Rathaus (Räte), Radweg (Räder)
Aufgabe 3:
Falsches Taxi
Sonntagabend raubte ein 54-jähriger Einbrecher – der Polizei bereits bekannt – eine Wohnung am Stadtrand aus. Bei Mondlicht stieg er auf dem Rückweg in ein Taxi – in das falsche. Der Fahrer erkannte den Fahrgast. Er hatte einen Tag zuvor ein wertvolles Wandbild und Geld geraubt und wurde bereits gesucht. Die Polizei, die per Funk herbeigerufen wurde, nahm den Dieb fest.

Lösungen Seite 25
Aufgabe 1:
Berlin – Hunde sind die besten Freunde des Menschen. Sie sind treu und echte Familienmitglieder. Sie gelten häufig als schick. Manche Hunde nehmen sogar an Schönheitswettbewerben teil. Wer in der Großstadt lebt und von einem Hund träumt, sollte sich das heutzutage allerdings gut überlegen: In einer Großstadt sind sehr viele Hunde unterwegs. Manche Hunde bellen daher ständig, statt freundlich an der Seite von Herrchen oder Frauchen Gassi zu gehen. Andere Hunde fühlen sich vor den Geschäften alleingelassen und heulen. Und was passiert, wenn so ein Vierbeiner unter Bäumen und Sträuchern sein Geschäft verrichtet? Hat sein Besitzer keinen Beutel dabei, um das ganze wegzuräumen, kann das richtig teuer werden. In New York muss man für so ein unbeseitigtes „Häufchen" im Schnitt 1000 Dollar Strafe zahlen. Das sind umgerechnet 910 Euro. Auch in Deutschland gibt es Bestrebungen, die Strafe für zurückgelassene Hundehäufchen von derzeit ca. 75 Euro zu erhöhen.

Lösungen Seite 26
Aufgabe 1:
David Am Freitag hatte ich Geburtstag.
Beim Mittagessen hat meine Mutter gesagt: „Ich bin gespannt, was deine Freunde zu deiner selbst gebackenen Geburtstagstorte sagen." Mein Vater hat schon wieder nach seinem Mantel gegriffen: „Ich muss ins Büro", hat er beim Hinausgehen gesagt. „Viel Spaß beim Feiern! Übrigens hoffe ich, dass du jetzt mit deinen elf Jahren etwas vernünftiger wirst! Also dann, bis heute Abend." Das war mal wieder typisch mein Vater! Ihr kennt ihn ja. Wirklich typisch! – Dann war es erst Viertel nach eins. Ich bin in mein Zimmer gegangen und habe schon einmal die Musik für später herausgesucht …
Pablo Gestern hatte ich Geburtstag. Endlich elf!

Ihr glaubt gar nicht, wie aufgeregt ich war. Schon die Nacht vorher war total schrecklich! Aufgewacht – erst 3 Uhr! Wieder eingeschlafen, wieder wach geworden. Und so ging's weiter. Was für eine Nacht! Beim Frühstück hab ich mir voll den Kakao über mein T-Shirt gekippt. Na toll! Ich war vielleicht sauer. Geschenke gab's natürlich auch. Aber nachmittags die Party, die war am allercoolsten.

Lina Vor fünf Tagen bin ich elf Jahre alt geworden. Endlich wieder ein Jahr älter!
Meine Eltern könnten langsam mal aufhören, mich wie ein Kind zu behandeln. Von meinem Vater hab ich Ohrringe bekommen, schön, oder? Am Nachmittag hab ich dann mein neues Top angezogen, ihr wisst schon, das mit den Streifen vorne drauf. Luis wollte auch zu meiner Geburtstagsparty kommen und hat versprochen, seine Musik mitzubringen. In der Schule konnte ich mich überhaupt nicht konzentrieren. Herr Hofmann hat mich sogar beim Träumen erwischt …

Aufgabe 2:

	David	Pablo	Lina
Wurden die W-Fragen beantwortet?	✓	✓	✓
Wurde der Reihe nach und verständlich erzählt?	✓	✓	–
Gab es einen Höhepunkt?	–	–	–
Waren die Figuren und ihre Handlungen lebendig gestaltet?	–	–	–
Hatte die Erzählung einen Schluss?	–	–	–

Aufgabe 3 EXTRA:
individuelle Lösungen

Lösungen Seite 27

Aufgabe 1:

Ich muss euch was erzählen!

Neulich hab ich einen ganz schönen Schreck gekriegt. Ich hab geträumt, ich wäre mit meinem Bruder zu 'nem kleinen Teich – also so 'nem Tümpel im Wald – gegangen.
Da wollten wir Verstecken spielen. Mein Bruder war als Erster mit dem Suchen dran, sodass ich schon losgegangen bin. Also ich bin schon mal vorausgerannt und hab mich hinter so 'nem großen Busch versteckt. Plötzlich hat es geraschelt. Was glaubt ihr, was ich da bei meinen Füßen gesehen habe? Eine echte Schlange! Könnt ihr euch vorstellen, wie ich mich erschrocken habe? Ich hab vor Schreck sogar so die Luft angehalten, dass ich fast vergessen habe, weiter zu atmen. Aber dann – dann hat die Schlange plötzlich ihren Kopf zur Seite gedreht, und da war ich wieder beruhigter! Wisst ihr warum? Es war – es war nämlich nur eine harmlose Ringelnatter! Und wisst ihr, woran ich das erkannt habe? An dem Halbmond, den sie am Kopf hatte! Dann hab ich meinen Bruder gerufen. – Der hat aber nichts von meinem Schreck gemerkt. Zum Glück! Sonst – na ihr kennt ihn ja, sonst hätte er mich wieder ausgelacht. Irgendwann bin ich dann total verschwitzt wach geworden.

Aufgabe 2 EXTRA:
individuelle Lösungen

Aufgabe 3 PLUS:
individuelle Lösungen

Lösungen Seite 28

Aufgabe 1:

„Ich habe schon als kleiner Junge vom Segelfliegen geträumt. Ich bin direkt neben einem Flugplatz aufgewachsen. Es waren immer Schafe da, die haben das Gras der Landebahn kurzgehalten. Ich bin zuerst immer mit meinem Bruder hingegangen; später bin ich direkt nach der Schule zum Flugplatz gelaufen. Stundenlang habe ich zugesehen, wie die Segelflugzeuge in großen Kreisen immer höher gestiegen sind. Den Tag, als ich zum ersten Mal mitgeflogen bin, habe ich bis heute nicht vergessen. Ich bin erst sieben Jahre alt gewesen, da hat mein Bruder mich im Flugzeug mitgenommen. Eigentlich bin ich jede freie Minute auf dem Flugplatz gewesen. Ich habe dort auch geholfen. Zum Beispiel habe ich das Drahtseil mit eingeholt, damit der Nächste starten konnte. Später habe ich mit dem Rasentraktor den Platz gemäht. So ist allmählich mein Wunsch, Segelflieger zu werden, entstanden."

Aufgabe 2:

Früher habe ich vom Segelfliegen geträumt.
Ich habe jeden Tag auf dem Flugplatz geholfen.
Dann habe ich Flugstunden bei meinem großen Bruder genommen.
Vor dem ersten Flug habe ich vor Aufregung gezittert.

Lösungen Seite 29

Aufgabe 1:

2. haben … gefunden, 3. ist … gelaufen,
4. bin … gefahren, 5. haben … getroffen,
6. habe … ausgeliehen, 7. haben … gekauft,
8. haben … gegessen, 9. sind … gewesen,
10. habe … verloren, 11. bin … geflogen

Aufgabe 2:
individuelle Lösungen

Lösungen Seite 30

Aufgabe 1:

Liebe Mitarbeiter der Buslinie 284,
am Donnerstag bin ich gegen 19.10 Uhr mit dem Bus dieser Linie von der Haltestelle Dürerstraße bis zur Haltestelle Schillerallee gefahren. Ich kam gerade aus dem Sportclub vom Fußballtraining. Ich habe noch so geschwitzt, dass ich meine Jacke nicht anhatte. Ich muss sie irgendwie auf die Sitzbank gelegt haben. Jedenfalls habe ich sie anscheinend im Bus liegen gelassen. Ich habe das erst gemerkt, als ich zu Hause angekommen bin und meine Mutter einen Aufstand gemacht hat. Haben Sie sie gefunden? Die Jacke, die ich dringend brauche, ist so: Sie hatte die Größe 158 und war aus einem wasserabweisenden Kunstfaserstoff. Sie ist oben weiß und unten blau und hat schräg über der Brust zwei rote Streifen. Außerdem hat sie noch eine blaue Kapuze. Die kann abgenommen werden. Das ist meine absolute Lieblingsjacke, sie ist wirklich cool. Die Jungen im Verein haben gesagt, dass sie auch gerne so eine Jacke mit so großen Reißverschlüssen hätten. Ich habe sie gerade erst zum Geburtstag bekommen. Ach, und drei Taschen hat sie. In der rechten Tasche ist vielleicht noch was drin.
Bitte geben Sie mir Bescheid, ob Sie die Jacke gefunden haben und wo ich sie abholen kann.
Mit freundlichen Grüßen,
Karl Pech

Aufgabe 2 EXTRA:

☑ Art des vermissten Gegenstandes
☑ genauer Ort des Verlustes
☑ Größe
☐ Form/Schnitt
☑ Material
☑ Farbe/Muster
☑ Zustand (alt, neu, angeschmutzt)
☐ Tascheninhalte und weitere Besonderheiten

Aufgabe 3:

Liebe Mitarbeiter der Buslinie 284,
am Donnerstag bin ich gegen 19.10 Uhr mit dem Bus dieser Linie von der Haltestelle Dürerstraße bis zur Haltestelle Schillerallee gefahren. ~~Ich kam gerade aus dem Sportclub vom Fußballtraining. Ich habe noch so geschwitzt, dass ich meine Jacke nicht anhatte. Ich muss sie irgendwie auf die Sitzbank gelegt haben.~~ Jedenfalls habe ich sie anscheinend im Bus liegen gelassen. ~~Ich habe das erst gemerkt, als ich zu Hause angekommen bin und meine Mutter einen Aufstand gemacht hat.~~ Die Jacke ist so: Sie hatte die Größe 158 und war aus einem wasserabweisenden Kunstfaserstoff. Sie ist oben weiß und unten blau und hat schräg über der Brust zwei rote Streifen. Außerdem hat sie noch eine blaue Kapuze. Die kann abgenommen werden. ~~Das ist meine absolute Lieblingsjacke, sie ist wirklich cool. Die Jungen im Verein haben gesagt, dass sie auch gerne so eine~~ Jacke mit so großen Reißverschlüssen hätten. Ich habe sie gerade erst ~~zum Geburtstag~~ bekommen. Ach, und drei Taschen hat sie. ~~In der rechten Tasche ist vielleicht noch was drin.~~
Bitte geben Sie mir Bescheid, ob Sie die Jacke gefunden haben und wo ich sie abholen kann.
Mit freundlichen Grüßen,
Karl Pech

Aufgabe 4 EXTRA:

(Beispiellösung)
Sehr geehrte Mitarbeiter der Buslinie 284,
am Donnerstag bin ich gegen 19.10 Uhr mit dem Bus Linie 284 von der Haltestelle Dürerstraße bis zur Haltestelle Schillerallee gefahren und habe meine Jacke im Bus liegen lassen.
Die Jacke ist neu. Sie ist schmal und kurz geschnitten, aus wasserabweisendem Kunststoff, hat die Größe 158 und hat eine blaue, abnehmbare Kapuze und große Reißverschlüsse. Sie ist oben weiß, unten blau und hat über der Brust zwei rote Streifen. Die Jacke hat drei Taschen, in der rechten sind Taschentücher und mein Hausschlüssel drin.
Bitte geben Sie mir Bescheid, ob Sie meine Jacke gefunden haben und wo ich sie abholen kann.
Mit freundlichen Grüßen,
Karl Pech

Lösungen Seite 31

Aufgabe 1:

22 20 1 11 14 3 15 9 21 5 6 16 17 8 18 7 4 13 12 10 19 2

Aufgabe 2:

(Beispiellösung)
das rauchblaue Tuch, die blutroten Schuhe, die türkisblaue Jacke, die pechschwarze Hose, das zitronengelbe T-Shirt

Aufgabe 3:

(Beispiellösung)
Hose: ausgewaschen, bequem, eng, elastisch, warm, weit
Pullover: bequem, elastisch, eng, flauschig, gehäkelt, groß, klein, leicht, schmal
Tasche: elastisch, gehäkelt, groß, klein, ledern, leicht, mittelgroß, schwer
Sportschuhe: ausgetreten, bequem, eng, flach, groß, klein, neuwertig, schmal, schwer

Lösungen Seite 32

Aufgabe 1:

individuelle Lösungen

Aufgabe 2 EXTRA:

individuelle Lösungen

Lösungen Seite 33

Aufgabe 1:

a) Eishockey
Anja spielt auf einer rechteckigen Fläche (rechteckig) mit einer Bande rundherum. In ihrer Mannschaft sind gleichzeitig sechs Spielerinnen auf dem blanken Eis (blank). Alle müssen gute Schlittschuhläuferinnen (gut) sein. Den hölzernen Schläger (hölzern) führt jede mit ihrer geschickten Hand (geschickt) am oberen Ende (oberes). Zum Schutz vor schweren Verletzungen (schwer) im Gesicht tragen alle stabile Plexiglasmasken (stabil). Das Ziel des schnellen Spiels (schnell) besteht darin, die kleine Scheibe (klein) möglichst oft ins gegnerische Tor (gegnerisch) zu schießen.
b) Curling
Nancy spielt auf einer 40 Meter langen Eisbahn. Mit ihr versuchen noch drei weitere Spielerinnen, ihre 20 kg schweren Steine (20 kg schwer) im „House", dem kreisförmigen Zielfeld (kreisförmig), möglichst nahe dem Zentrum unterzubringen. Es ist ein interessantes Spiel (interessant), weil in jedem Durchgang (jeder) im Wechsel mit dem gegnerischen Team (gegnerisch) jede Spielerin zweimal spielt. Dabei dürfen auch die Steine des Gegners hinausgestoßen werden. Die Spielerinnen geben ihrem Stein in einem tiefen Ausfallschritt (tief) einen leichten Schubs (leicht). Nur auf rauem Eis (rau) gleitet er. Beim Loslassen erhält der Stein eine Rotation. Seinen Weg kann man durch kräftiges Wischen (kräftig) mit einem speziellen Besen (speziell) verlängern. Die Wertung erfolgt jeweils nach dem letzten Stein (letzte).

Lösungen Seite 34

Aufgabe 1:

Grundstufe	1. Steigerungsstufe	2. Steigerungsstufe
rechteckig	–	–
blank	blanker	am blankesten
gut	besser	am besten
hölzern	–	–
geschickt	geschickter	am geschicktesten
obere	–	oberste
schwer	schwerer	am schwersten
stabil	stabiler	am stabilsten
schnell	schneller	am schnellsten
klein	kleiner	am kleinsten
gegnerisch	–	–

Aufgabe 2:
1. als, 2. wie, 3. als, 4. als, 5. wie, 6. als

Lösungen Seite 35

Aufgabe 1:
Hannah spielt gerne mit ihrer großen Schwester. Sie setzen sich an den leeren Tisch. Dann nimmt Hannah die bunten Holzstäbe zusammen und lässt sie auf den Tisch fallen.
Die Stäbe müssen nun mit ruhiger Hand nacheinander aufgenommen werden. Die anderen Stäbe dürfen sich nicht bewegen.
Es gibt verschiedene Möglichkeiten, die glatten Hölzer aufzuheben. Konzentriert überlegt Hannah, ob sie den unteren Stab herauszieht oder den oberen vorsichtig aufstellt. Der wichtigste Stab ist aus geringeltem Holz. Mit ihm darf die glückliche Besitzerin die normalen Stäbe berühren.
Das Spiel ist vorbei, wenn alle Stäbe aufgenommen wurden.
Hast du das Spiel erkannt? Mikado

Aufgabe 2:
Sascha spielt gern gegen mehrere gleichaltrige Spieler. Dann geht er von einem Brett zum andern. Er wirft einen genauen Blick auf die 64 Felder mit den weißen und schwarzen Figuren, überlegt und zieht oder schlägt. Mit den vielen Besonderheiten der Figuren kennt er sich aus und kann so rechtzeitig den richtigen Zug ausführen. Bei Zeitüberschreitung verliert man nämlich die gesamte Partie und nicht nur, wenn der eigene König matt gesetzt wird.
Am besten gefällt es Sascha, wenn er gleichstarke Gegner besiegt. Beim letzten Turnier gingen vier Spiele remis aus. Ein Spiel musste er aufgeben, weil sei König in einer aussichtslosen Stellung war. Kürzlich hat man bei wissenschaftlichen Untersuchungen herausgefunden, dass man für diese Sportart kein großes Mathe-Ass sein muss. Sascha weiß, dass er nur durch fleißiges Üben stärker wird. Besondere Freude bereitet es ihm, wenn er jemanden für sein spannendes Lieblingsspiel begeistern kann.
Hast du das Spiel erkannt? Schach

Lösungen Seite 36

Aufgabe 1:

	offizieller Brief	privater Brief
Anrede-formel	Sehr geehrter Herr Direktor, Sehr geehrte Frau Dr. Schulze, Sehr geehrte Damen und Herren, Lieber Herr Walter,	Hallo Björn, Hi, ihr Lieben, Liebe Lola,
Gruß-formel	Mit besten Grüßen Ich verbleibe mit freundlichen Grüßen.	Küsschen, dein/deine … Liebe Grüße Lass es dir gut gehen! Tschüss Bis bald!

Aufgabe 2 EXTRA:
individuelle Lösungen

Lösungen Seite 37

Aufgabe 2:
(Beispiellösung)
- die E-Mail ist informell geschrieben, der Brief formell
- im Brief wurden nicht alle Substantive großgeschrieben
- die Sprache in der E-Mail ist moderner als die im Brief

Aufgabe 3 PLUS:
(Beispiellösung)
Allerliebste Mama!
Mein Herz ist völlig verzückt aus lauter Vergnügen, weil mir auf dieser Reise so lustig ist, weil es so warm ist in dem Wagen und weil unser Kutscher ein galanter Kerl ist. Welcher, wenn es der Weg ein bisschen zulässt, so geschwind fährt. Die Reisebeschreibung wird mein Papa der Mama schon erklärt haben. Die Ursache, dass ich der Mama geschrieben habe, ist zu zeigen, dass ich meine Schuldigkeit weiß, mit der ich bin in tiefstem Respekt ihr getreuer Sohn,
Wolfgang Mozart

Lösungen Seite 38

Aufgabe 1:

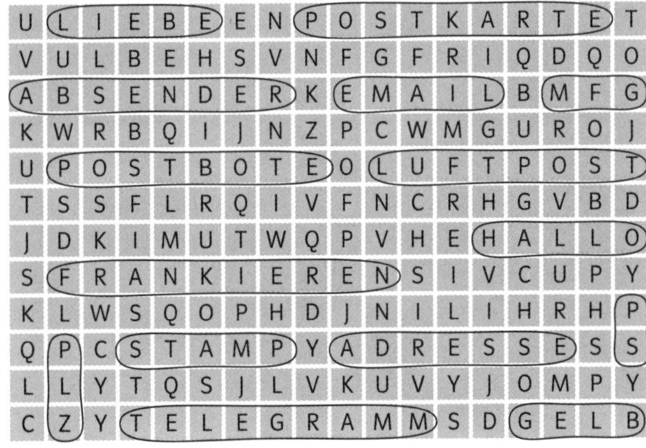

U	L	I	E	B	E	E	N	P	O	S	T	K	A	R	T	E	T
V	U	L	B	E	H	S	V	N	F	G	F	R	I	Q	D	Q	O
A	B	S	E	N	D	E	R	K	E	M	A	I	L	B	M	F	G
K	W	R	B	Q	I	J	N	Z	P	C	W	M	G	U	R	O	J
U	P	O	S	T	B	O	T	E	O	L	U	F	T	P	O	S	T
T	S	S	F	L	R	Q	I	V	F	N	C	R	H	G	V	B	D
J	D	K	I	M	U	T	W	Q	P	V	H	E	H	A	L	L	O
S	F	R	A	N	K	I	E	R	E	N	S	I	V	C	U	P	Y
K	L	W	S	Q	O	P	H	D	J	N	I	L	I	H	R	H	P
Q	P	C	S	T	A	M	P	Y	A	D	R	E	S	S	E	S	S
L	L	Y	T	Q	S	J	L	V	K	U	V	Y	J	O	M	P	Y
C	Z	Y	T	E	L	E	G	R	A	M	M	S	D	G	E	L	B

Aufgabe 2:
1. Liebe, 2. PS, 3. E-Mail, 4. Telegramm 5. MfG, 6. Adresse, 7. Absender, 8. Postkarte, 9. Luftpost, 10. gelb, 11. frankieren, 12. Postbote, 13. Hallo, 14. PLZ, 15. stamp
Lösungswort: Brieftaube

Lösungen Seite 39

Aufgabe 2:
(Beispiellösung)
Die Schülervertretung bittet den Schuldirektor um einen Termin. Die Toiletten der Schule sind dreckig, so dass der Direktor nun einige schließen möchte. Um gegen die Verschmutzung vorzugehen, haben die 8. Klassen Vorschläge gemacht. Die 5. Klassen haben nun auch Ideen gesammelt und möchten diese mit dem Direktor besprechen.
Aufgabe 3:
Ihnen, unserer, Sie, ihren, Ihre, ihren, unserer, Ihnen, unsere

Lösungen Seite 40

Aufgabe 1:
In der Postkarte berichtet Pia vom schönen Wetter in ihrem Urlaub und sagt, dass es ihr gut geht. Sie fragt, wie es Carina, Janus und ihrem Hund geht und sagt, dass sie sich schon auf das Wiedersehen freut.
Aufgabe 2:
euch, euch, ihm, er, eurem, euch, ihr, euch, euch, ihn, mir
Aufgabe 3:
individuelle Lösungen

Lösungen Seite 41

Aufgabe 1:
Liebe Oma,
wir sind gestern aus dem Urlaub zurückgekommen.
~~Der Urlaub~~ **Er** war super! Es war sehr warm, deshalb waren wir oft baden. Der Strand war sehr schön, aber ~~der Strand~~ **er** war auch sehr voll. Ich war immer vor Maria dort und habe ~~Maria~~ **ihr** einen Platz freigehalten. Bello musste ich zu Hause lassen, Janus hat ~~Bello~~ **ihn** aber gefüttert. Wie geht es Opa? Grüß ~~Opa~~ **ihn** bitte von mir.
Alles Liebe, deine Pia
Aufgabe 2:

	Singular
	1. Person
Wer?	er, er
Wem?	ihr
Wen? Was?	ihn, ihn

Aufgabe 3:
meiner, meines, meine, meine
Aufgabe 4:
individuelle Lösungen

Lösungen Seite 42

Aufgabe 1:

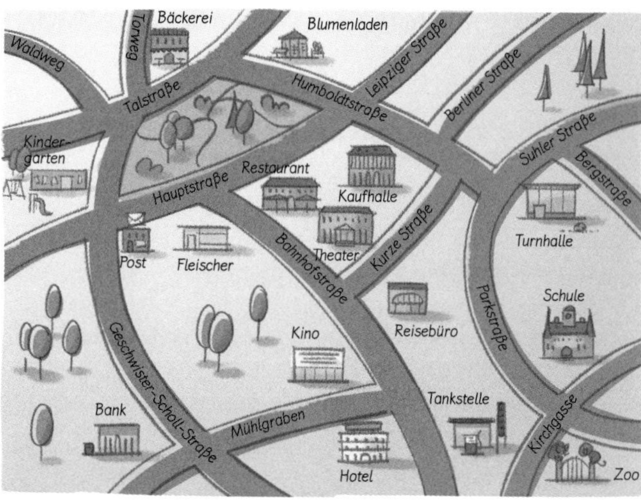

Lösungen Seite 43

Aufgabe 1:
1. Vom Waldweg zum Kino
☒ Geh die Geschwister-Scholl-Straße geradeaus und am Ende nach links in den Mühlgraben. An der nächsten linken Ecke siehst du das Kino.
2. Von der Bank zur Kaufhalle
☒ Zur Kaufhalle musst du den Mühlgraben entlanggehen und am Kino nach links abbiegen. Kurz danach geht es wieder rechts in die kurze Straße und die nächste Straße gleich wieder links. Dort sieht man die Kaufhalle schon.
3. Vom Bäcker zur Turnhalle
☒ Geh hier ein Stück nach links und dort am Blumenladen rechts. Auf der Humboldtstraße musst du ganz bis zum Ende laufen und dann links in die Suhler Straße biegen. An der nächsten Ecke ist die Turnhalle.

Aufgabe 2 EXTRA:
individuelle Lösungen

Lösungen Seite 44

Aufgabe 1:
(Beispiellösung)
2. Das Gesundheitszentrum befindet sich zwischen der Post und dem Rathaus.
3. Die Buchhandlung befindet sich neben dem Kino.
4. Die Post befindet sich hinter dem Gesundheitszentrum.
5. Das Kino befindet sich am Herderplatz.
6. Das Schwimmbad befindet sich in der Ulmenallee.

Aufgabe 2:
in die Schule, in das Schwimmbad, auf den Herderplatz, auf den Brocken, auf den Eiffelturm

Lösungen Seite 45

Aufgabe 1:
2. der, der rechten Seite
3. die Parkstraße, die Hauptstraße
4. der Ampel, die Hauptstraße
5. den Drosselsteg, zur Berliner Straße
6. der Ampel, die Berliner Straße
7. der Berliner Straße, der rechten Seite
8. einer Minute

9. zur Ampelkreuzung
10. den Silcherweg, meinem Haus

Lösungen Seite 46

Aufgabe 1:

Musik auf Rheinfels: 4. fehlt
Tag des Buches: 2. fehlt
Vorstellung der Kandidaten/Kandidatinnen: 2. fehlt
Olli and his Gang: 3. Uhrzeit fehlt

Lösungen Seite 47

Aufgabe 1:

1. Wer lädt ein? – die Gesamtschülervertretung
2. Wozu wird eingeladen? – zum Sommerfest
3. Wo findet die Veranstaltung statt? – in der Sporthalle der Schule
4. Wann beginnt es? – 19 Uhr
5. Wer wird eingeladen? – Lehrerinnen, Lehrer, Eltern und ihre Familien
6. Was erfährt man über das Programm? – Gesang-, Tanz- und Showeinlagen, aufgeführt von den Kindern, der Schülerband und den Lehrerinnen und Lehrern. In den Pausen gibt es Snacks.

Aufgabe 2 EXTRA:

(Beispiellösung)
Liebe Zauberfreunde!
Paul wird 11, deshalb lädt euch der Hexenmeister alle zu einem Kostümfest mit Besenlauf und Zaubertricks ein.
Die Party findet in der Hexenhütte in der Gartenreihe 13, 55332 Benkendorf statt. Es gibt giftgrünen Wackelpudding und panierte Kürbisse und Zaubergetränke.
Bitte fliegt am Samstag, den 13.11. ab 16.11 Uhr bei mir ein. Um 22.11 Uhr könnt ihr die Besen satteln und wieder nach Hause fliegen.
Schickt mir bis 9.11. einen Brief in Geheimschrift und sagt, ob ihr kommen könnt.
Magische Grüße,
euer Hexenmeister

Lösungen Seite 48

Aufgabe 1:

Der Mars lebt!

Liebe Faschingsfreunde aus dem Universum!
Wir, die Außerirdischen aus der Galaxis der 5a, laden euch zu unserer Luxus-Faschingsparty ein.
Sie soll am 26. Februar, 14.00 Uhr bis 18.00 Uhr im Lesesaal der See-Schule stattfinden.

1. Eingeladen sind:
   Alle Narren und Närrinnen aus den 5. Klassen sowie Hexen, Nixen, Feen und Theaterkünstler aus den 6. Klassen und außerdem auch sechs sympathische Erwachsene aus unserer Schule
2. Zu essen gibt es:
   Echsen-Kekse, Wachs-Krapfen, Fuchs-Plätzchen, Jux-Brote und andere exotische Köstlichkeiten
3. Zu trinken gibt es:
   Beeren-Tee, Meerwasser-Kaffee, Boxer-Limo, Schnee-Milch und andere Mix- und Murksgetränke

Aufgaben 2 und 3:

Wörter mit aa, ee, oo	Wörter mit ks-Laut (chs, x, ks, cks, gs)	Wörter mit y, th, ph, qu
der See	die Galaxis, der Luxus	die Party
der Saal	die Hexe	das Theater
die Fee	die Nixe	sympathisch
die Beere	der Erwachsene	das Alphabet
das Meerwasser	die Echse	die Apotheke
der Tee	der Keks	das Quadrat
der Schnee	das Wachs	der Quark
das Beet	der Krapfen	die Strophe
das Paar	der Fuchs	
die Waage	der Jux	
der Zoo	exotisch	
der Speer	der Boxer	
der Aal	der Murks	
	der Mix	
	die Achse	
	das Examen	
	der Ochse	
	der Luchs	
	die Praxis	
	tagsüber	
	wachsen	
	wechseln	

Lösungen Seite 49

Aufgabe 1:

Substantive/Nomen	Verben	Adjektive
die Qualle	qualmen	quadratisch
die Quelle	quetschen	quirlig
der Quark	quatschen	bequem
das Aquarium	quälen	
die Quittung	quaken	
die Qualität	quellen	

Aufgabe 2:

der Vater, violett, das Veilchen, die Vase, die Villa, vorne, der Vulkan, feiern, der Fund, fleißig, viel, das Ferkel, finden, das Feuer, fliegen, fürchten, der Vampir, die Fabrik, das Vieh, der Floh, der Vogel

Lösungen Seite 50

Aufgabe 1:

individuelle Lösungen

Aufgabe 2:

1. Na, die hat ja wirklich einen neuen Anstrich nötig …
2. Ist das eine herrliche Luft! Und diese Ruhe! …
3. Ach, du meine Güte! …
4. Und was nun? …

Aufgabe 3:

individuelle Lösungen

Lösungen Seite 51

Aufgabe 1:

(Beispiellösung)

Textabschnitt 1: Schreck
Textabschnitt 2: Angst
Textabschnitt 3: Unsicherheit
Textabschnitt 4: Überraschung

Aufgabe 2:

Textstelle	Gefühl	Sprechweise
Zeile 1 bis 2	Schreck	leise, Spannung erzeugen
Zeile 3 bis 11	Angst	schnell und unsicher sprechen
Zeile 12 bis 14	Unsicherheit	zögernd sprechen
Zeile 15 bis 18	Überraschung	laut, fröhlich, überrascht sprechen

Lösungen Seite 52

Aufgabe 1 EXTRA:
(Beispiellösung)

Situation	Gefühl	Mimik/Gestik
1 (allein in der Umkleide)	verträumt	schaut verträumt im Raum umher
2 (schaut sich um, allein)	überrascht, unsicher	reißt Augen auf, schaut sich um, springt auf, nimmt seine Sachen
3 (läuft zur Tür, klinkt)	ängstlich, wird panisch	läuft zur Tür, klinkt mehrfach an der Klinke, guckt verzweifelt, Augen aufgerissen
4 (sinkt gegen Tür)	traurig, verzweifelt	hockt sich hin, legt Kopf in die Hände, Augen geschlossen, rauft sich die Haare, weint
5 (Tür geht auf)	Überraschung, riesige Freude	springt auf, lacht, wischt sich Tränen weg, umarmt Freund

Aufgabe 3 PLUS:
individuelle Lösungen

Lösungen Seite 53

Aufgabe 1:
(Beispiellösung)
Patryk poliert prächtige Paläste in Polen.

Aufgabe 2:

Subjekte	Prädikate	Objekte
Anja	angelt	Aale
Daniel	dressiert	dicke Dackel
Françoise	feiert	fröhliche Feste
Gregor	genießt	große Granatäpfel
Hermine	hilft	Henrik
Indira	isst	Inselspezialitäten
Mohammed	mag	Moscheen
Raissa	reitet	riesige Rentiere
Zambo	zerschneidet	zehn Zitronen

Lösungen Seite 54

Aufgabe 1:

Der Unterricht beginnt

Ihr setzt euch bequem hin. Ihr schließt die Augen. Ihr atmet tief und ruhig ein. Der Spielleiter führt euch durch euren heutigen Tag. Ihr erlebt den Tag ruhig in Gedanken noch einmal. Um sieben bin ich heute aufgestanden. Beim Aufstehen habe ich mich müde gefühlt. Dann …

Aufgabe 2:

Ihr (schließt) die Augen.

Ihr (atmet) tief und ruhig (ein.)

Der Spielleiter (führt) euch durch den heutigen Tag.

Ihr (erlebt) den Tag ruhig in Gedanken noch einmal.

Um sieben (bin) ich heute (aufgestanden.)

Beim Aufstehen (habe) ich mich müde (gefühlt.)

Lösungen Seite 55

Aufgabe 3:
Jeder, (Ihr), Der Spielleiter, ihr, ihr, ihr, ihr, der Spielleiter, Ihr, alle

Aufgabe 4:
jedem – Dativobjekt
das Wort – Akkusativobjekt
seinen Rhythmus – Akkusativobjekt
jedem Schüler – Dativobjekt
die Hand – Akkusativobjekt

Aufgabe 5:
- Heute erzählt (Prädikat) der Lehrer (Subjekt) **den Kindern** (Dativ-Objekt) *eine Geschichte* (Akkusativ-Objekt).
- Der Lehrer erzählt den Kindern heute eine Geschichte.
- Den Kindern erzählt der Lehrer heute eine Geschichte.
- Eine Geschichte erzählt der Lehrer heute den Kindern.

Lösungen Seite 56

Aufgabe 1:
individuelle Lösungen

Aufgabe 2:
(Beispiellösung)
Die Übersicht zeigt, dass die meisten Kinder das Internet nutzen, um mit Freunden zu chatten. Viele Kinder nutzen außerdem das Internet, wenn sie mit dem Smartphone spielen. An dritter Stelle stehen die Lieblingsserien, die viele Kinder im Internet gucken. Außerdem wird das Internet häufig genutzt, um Fotos zu teilen. Nur wenige Kinder recherchieren im Internet für ihre Hausaufgaben.

Lösungen Seite 57

Aufgabe 1:
B: Recht am eigenen Bild (niemand darf Fotos von Personen ins Internet stellen, ohne sie vorher zu fragen)
C: Passwörter sollten niemals weitergegeben werden.
D: Vollständiger Name, Adresse und Telefonnummer sollten niemals im Internet angegeben werden

Aufgabe 2 EXTRA:
individuelle Lösungen

Aufgabe 3 PLUS:
individuelle Lösungen

Lösungen Seite 58

Aufgabe 1:
Tipp: Am besten nur trennen, wenn es überhaupt keinen Platz mehr am Ende der Zeile gibt.

Aufgabe 2:
Schul-ta-sche, Dru-cker, knusp-rig, Früh-stücks-ei, krat-zen, kämp-fen, Han-dy-hül-le, Ana-nas, Ka-len-der

Aufgabe 3:
Sil-ves-ter-karp-fen, Knä-cke-brot-krü-mel, Tro-cken-früch-te, Wa-ckel-pud-ding, Ka-kao-pul-ver, Fisch-stäb-chen, Blut-oran-gen-eis, Men-thol-bon-bons, As-tro-nau-ten-kost

Aufgabe 4:
(Beispiellösung)
Wortbausteine, Thema, Mieter, Bericht, gemein, Gemeinschaftsunterricht, Schülerprobe, bereits, Grammatik, Sprecher, mache, Rhabarber

Lösungen Seite 59

Aufgabe 1:
Blumentopf-erde, Schul-kinder, un-sicher, be-inhalten, Bäcke-rei, Wach-stube, Aus-sendung, Stief-eltern, Schwimm-ente, Spar-gelder

Aufgabe 2:
mög-lich, Ab-wechs-lung, Mahl-zeit, son-dern, Ge-wür-zen, verstecken

Aufgabe 3:
Er-näh-rungs-re-geln
Esst im-mer so na-tür-lich wie mög-lich.
Er-nährt euch stets mit viel Ab-wechs-lung.
Kaut aus-gie-big und ge-nießt die Mahl-zeit.
Esst nicht zu stark ge-sal-zen, son-dern würzt mit Kräu-tern und Ge-wür-zen.
Ach-tet un-be-dingt auch auf die ver-steck-ten Fet-te.

Lösungen Seite 60

Aufgabe 1:
a) Der Fundevogel
b) Ja. Gut: Fundevogel und seine Freundin. Böse: Mutter der Freundin
c) Der Fundevogel und seine Freundin leben glücklich wie im Paradies. (Gutes Ende)
d) „Verlässt du mich nicht, verlass ich dich auch nicht."

Lösungen Seite 61

Aufgabe 2:
Bild 1: Mutter schläft, Kind spielt
Bild 2: Habicht zieht Fundevogel im Nest auf
Bild 3: Jäger findet Fundevogel
Bild 4: Fundevogel bei Familie
Bild 5: Fundevogel + Mädchen fliegen
Bild 6: Fundevogel + Mädchen im Nest

Aufgabe 3:
(Beispiellösung)
Wald: Frau ist eingeschlafen, Bussard raubt ihr Kind
Nest: Bussard zieht Jungen auf, Fundevogel lernt fliegen
Wald: Förster fängt Fundevogel, nimmt ihn mit nach Hause
Haus: Fundevogel wächst mit Tochter des Försters auf, lernt sprechen, Frau des Försters mag ihn nicht, gibt ihm nichts zu essen, Fundevogel und Mädchen üben fliegen
Nest: Mädchen und Fundevogel leben glücklich wie im Paradies

Aufgabe 4 EXTRA:
individuelle Lösungen

Lösungen Seite 62

Aufgaben 2, 3, 4:

Das Geschlecht der Substantive/Nomen		
männlich	**weiblich**	**sächlich**
der Winter	die Feder	das Fenster
der Rahmen	die Katze	das Blut
der Schnee	die Band	das Pferd
der Hund	die Kiefer	das Band
der See	die Steuer	das Tau
der Band	die Leiter	das Steuer
der Tau		
der Kiefer		
der Leiter		

Aufgabe 3:
der Hengst, die Stute
der Rüde, der Hund, die Hündin
die Katze, der Kater

Aufgabe 4:
Die Wörter gibt es mit verschiedenem Geschlecht, sie haben eine unterschiedliche Bedeutung:
das Band (Stoffstreifen) – der Band (ein Buch aus einer Reihe) – die Band (Musikgruppe)
der Kiefer (Schädelknochen) – die Kiefer (Baum)
der Tau (Wassertröpfchen) – das Tau (dickes Seil)
das Steuer (Lenkrad) – die Steuer (Geld)
der Leiter (Chef) – die Leiter (zum Hochsteigen)

Aufgabe 5:
der Himmel – /, die Königin – die Königinnen,
die Nadel – die Nadeln, der Finger – die Finger,
der Tropfen – die Tropfen, der Schnee – /,
das Kind – die Kinder, das Blut – /, das Holz – die Hölzer

Lösungen Seite 63

Aufgaben 2 und 3:
Merkmale von Märchen
Märchen lassen sich leicht an den immer wieder verwendeten Formulierungen erkennen, die z. B. am Anfang und am Schluss stehen. Zu Beginn begeben sich die Hauptpersonen oft von zu Hause fort und wandern durch die Welt. Da begegnen sie häufig Wesen mit magischen Kräften – auch dem Bösen in verschiedener Gestalt. Am Ende siegt meist das Gute; die Märchen vermitteln die Hoffnung, dass man auf das Glück treffen kann – selbst wenn man vorher viele Abenteuer bestehen und Hindernisse überwinden muss.

Lösungen Seite 64

Aufgabe 2:
1. Du empfiehlst Laura das Buch 2.
2. Du empfiehlst Paolo das Buch 1.

Aufgabe 3:
Max wählt das Buch 1 (Leo und das ganze Glück).

Lösungen Seite 65

Aufgabe 2:
individuelle Lösungen
Aufgabe 3 EXTRA:
(Beispiellösung)
Die Welt ist voller Schätze für den 8-jährigen Neftalí. Es gibt viel zu entdecken in seiner kleinen chilenischen Heimatstadt. Neftalí sammelt Schätze, wo er hinkommt, und denkt sich Geschichten dazu aus. Wäre da nur nicht der strenge Vater, der möchte, dass er schnell erwachsen wird und einen „richtigen" Beruf lernt …
Die Geschichte des großen Schriftstellers Pablo Neruda.
Aufgabe 4 PLUS:
individuelle Lösungen

Lösungen Seite 66

Aufgabe 1:
Clara und Mira sind in die Bibliothek gegangen, weil sie ein Buch über Australien ausleihen wollen.
Ricardo blieb bis in die frühen Morgenstunden wach, da er einfach nicht aufhören konnte zu lesen.
Luise mag Bücher über Tiere und sie mag Bücher über Expeditionen.
Jara hört ein Hörbuch, während ihr Bruder lieber selbst ein Buch liest.
Timo kann die Menge an Büchern kaum fassen, als er das erste Mal in der großen Stadtbücherei steht.
Aaron stellt sich die Frage, ob die Menschen auch in fünfzig Jahren noch Bücher lesen werden.
Ich leihe dir mein Lieblingsbuch, wenn du mir dafür deines gibst.
Die Kinder im Kindergarten glauben, dass es Feen und Zauberer gibt.
Wir werden viele Bücher lesen, aber darunter werden auch einige langweilige sein.

Lösungen Seite 67

Aufgabe 2:
Katrin: dass, Das
Verena: das, dass
Daniel: dass das, Das
Sandra: Das, dass

Lösungen Seite 68

Aufgabe 1:
individuelle Lösungen

Lösungen Seite 69

Aufgabe 2:
1. vom Hermelin
2. 25 bis 40 cm
3. es wechselt die Farbe (Winter: weiß, Sommer: braun)
4. in ganz Eurasien bis zum Himalaya und zur Pazifikküste, auch in Nordamerika
5. eine Art
6. sechs Jahre

Aufgabe 3:
1. das Hermelin
2. braune Oberseite mit gelblichweißem Bauch
3. ganz weiß mit schwarzer Schwanzspitze
4. im Mittelmeergebiet
5. eine

Aufgabe 4:
(Beispiellösung)
- Tiere leben in ganz Eurasien und Nordamerika
- haben sehr unterschiedliche Lebensräume (Waldrand, Steppe, Tundra, …)
- haben ein braunes Sommer- und ein weißes Winterfell
- werden 25–30 cm (Weibchen)/40 cm (Männchen) groß
- es gibt nur eine Art
- werden bis zu zwölf Jahre alt (meist aber nur 6)

Lösungen Seite 70

Aufgabe 1:
2. Kaninchen, 3. Rentier, 4. Tiger, 5. Apotheke, 6. Rhythmus, 7. ziemlich, 8. vorwärts, 9. Theater
Aufgabe 2:
individuelle Lösungen

Lösungen Seite 71

Aufgabe 1:
Alliga**t**or
B**i**ber
Drom**e**dar
Gepa**r**d
Leo**p**ard
P**a**nda
Ringelnatte**r**
Schild**k**röte
Lösungswort: Tierpark
Aufgabe 2:
2. gar nicht
3. gewinkt/oder: gewunken
4. gesunken
5. der
6. Entführung, Endstation
7. Katastrophe
8. erschrickt
9. beides ist möglich
10. trotz des schlechten Wetters

Abenteuer, Abenteuer!

Selbsteinschätzungsbogen

Diese Übersicht hilft dir, deinen Übungsstand selbst einzuschätzen.
Überprüfe deine Ergebnisse und kreuze an:
☺ für „Das kann ich schon gut", 😐 für „Das muss ich noch üben".

Aufgabe	Ergebnisse	☺	😐
1	Ich habe in der Einleitung die W-Fragen beantwortet:		
	Wer spielt in der Geschichte mit?		
	Wie sind diese Figuren?		
	Wo spielt die Geschichte?		
	Wann spielt die Geschichte?		
	Was passiert?		
	Ich habe im Hauptteil folgende Fragen beantwortet:		
	Was machen die Figuren?		
	Was passiert den Figuren?		
	Ich habe den Hauptteil in 3 Erzählschritte untergliedert.		
	Ich habe Schritt für Schritt in der richtigen Reihenfolge erzählt.		
	Ich habe im Hauptteil Spannung aufgebaut bis zum Höhepunkt.		
	Ich habe für meine Geschichte ein Ende geschrieben.		
	Ich habe am Ende die Spannung aufgelöst.		
2	Ich habe eine interessante Überschrift für meine Geschichte gefunden.		
3	Ich habe unterschiedliche Satzanfänge verwendet.		
	Ich habe abwechslungsreiche Adjektive verwendet.		
	Ich habe treffende Verben gefunden.		

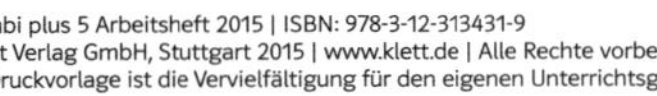

deutsch.kombi plus 5 Arbeitsheft 2015 | ISBN: 978-3-12-313431-9

Eine spannende Fantasiegeschichte erzählen

Selbsteinschätzungsbogen

Diese Übersicht hilft dir, deinen Übungsstand selbst einzuschätzen.
Überprüfe deine Ergebnisse und kreuze an:
☺ für „Das kann ich schon gut", 😐 für „Das muss ich noch üben".

Aufgabe	Ergebnisse	☺	😐
1	Ich habe die vorgegebenen Wörter genutzt: allein zu Hause – Montagabend – Buch „Gruseltiere" – spannende Geschichten – gähnen – müde – Geräusche im Badezimmer – Wind weht – summende Melodien im Hintergrund – Bettdecke über den Kopf – zitternd – lauschen – Geräusche – Stille – flackernder Lichtschein – sanftes Klopfen – unter der Decke hervorschauen – Schatten an der Tür		
2	Ich habe in der Einleitung die W-Fragen Wo? Wer? Was? beantwortet.		
3	Ich habe einen Hauptteil geschrieben.		
	Ich habe meine Ideen verschiedenen Erzählschritten zugeordnet.		
	Ich habe Spannung aufgebaut.		
	Ich habe verschiedene Satzanfänge verwendet.		
	Ich habe verschiedene Adjektive und Verben verwendet.		
	Ich habe Gefühle und Gedanken beschrieben.		
	Ich habe die wörtliche Rede benutzt.		
4	Ich habe einen überraschenden Schluss für meine Geschichte geschrieben.		
	Ich habe die Spannung am Schluss aufgelöst.		
5	Ich habe eine passende Überschrift gefunden.		
	Ich habe das Präteritum verwendet.		
6	Ich habe meine Geschichte mithilfe der Checkliste überprüft.		
7	Ich habe meine Geschichte überarbeitet.		

deutsch.kombi plus 5 Arbeitsheft 2015 | ISBN: 978-3-12-313431-9

Sport und Spiel

Selbsteinschätzungsbogen

Diese Übersicht hilft dir, deinen Übungsstand selbst einzuschätzen.
Überprüfe deine Ergebnisse und kreuze an:
☺ für „Das kann ich schon gut“, 😐 für „Das muss ich noch üben“.

Aufgabe	Ergebnisse	☺	😐
1	Ich habe in den Clustern weitere wichtige Merkmale ergänzt:		
	Größe		
	Farbe, Material und Muster		
	Besonderheiten		
2	Ich habe Stichworte zur Beschreibung des Balls gefunden:		
	z. B. • Größe: 6–7,5 cm • Material: Gummi • Farbe: weiß • Form: rund		
	Ich habe Stichworte zur Beschreibung des Schlägers gefunden:		
	z. B. • Größe: 90–110 cm lang, 18–23 cm breit • Material: Holz oder Kunststoff • Farbe: Silber und rot • Form: länglich • Besonderheiten: kleines Netz am oberen Ende		
3	Ich habe eine Beschreibung von Ball und Schläger verfasst.		
	Ich habe meine Beschreibung klar gegliedert.		
	Ich habe im Präsens geschrieben.		
	Ich habe unterschiedliche Verben verwendet.		
	Ich habe genaue Adjektive verwendet.		
	Ich habe Ausschmückungen, Gefühle und Eindrücke weggelassen.		

Klett deutsch.kombi plus 5 Arbeitsheft 2015 | ISBN: 978-3-12-313431-9

Einen offiziellen Brief verfassen

Selbsteinschätzungsbogen

Diese Übersicht hilft dir, deinen Übungsstand selbst einzuschätzen.
Überprüfe deine Ergebnisse und kreuze an:
☺ für „Das kann ich schon gut“, 😐 für „Das muss ich noch üben“.

Aufgabe	Ergebnisse	☺	😐
1	Ich habe Stichworte zu folgenden Punkten notiert:		
	• Klasse plant Ausflug • Ich brauche Informationen zu Öffnungszeiten, Eintrittspreisen, Gruppenführungen im Angebot, Verpflegungsmöglichkeiten		
2	Ich habe eine passende Anrede gefunden. z. B. Sehr geehrte Frau …/Sehr geehrter Herr …		
	Ich habe eine angemessene Grußformel gefunden. z. B. Mit freundlichen Grüßen		
	Ich habe aus meinen Notizen ganze Sätze formuliert.		
	Ich habe nach allen Informationen gefragt:		
	• Öffnungszeiten • Eintrittspreise • Gruppenführungen im Angebot • Verpflegungsmöglichkeiten		
	Ich habe Ort und Datum hinzugefügt.		
	Ich habe den Brief unterschrieben.		
	Ich habe alle Anredepronomen groß geschrieben.		
3	Ich habe meinen Brief mit der Checkliste überprüft.		
4	Ich habe meinen Brief überarbeitet.		

deutsch.kombi plus 5 Arbeitsheft 2015 | ISBN: 978-3-12-313431-9

Märchen lesen und verstehen

Selbsteinschätzungsbogen

Diese Übersicht hilft dir, deinen Übungsstand selbst einzuschätzen.
Überprüfe deine Ergebnisse und kreuze an:
☺ für „Das kann ich schon gut", ☹ für „Das muss ich noch üben".

Aufgabe	Ergebnisse	☺	☹
1	Ich habe alle Handlungsorte notiert (Wald, Haus, Wiese unter dem Baum, Brunnen)		
	Ich habe zu den Handlungsorten notiert, was dort geschieht:		
	• Wald: Geiß holt Futter		
	• Haus: Geißlein warten auf die Mutter, Wolf kommt 3 Mal, Geißlein machen beim dritten Mal die Tür auf, Geißlein wollen sich verstecken, Wolf frisst sie, jüngstes Geißlein versteckt sich, Mutter kommt nach Hause, sucht Geißlein, findet jüngstes im Uhrkasten		
	• Wiese: Wolf legt sich unter Baum, schläft ein, Geiß findet ihn, schneidet den Bauch auf, befreit Geißlein, füllt Bauch mit Wackersteinen, Wolf wacht auf		
	• Brunnen: Wolf schleppt sich zum Brunnen, möchte trinken, fällt hinein, ertrinkt		
2	Ich habe folgende Märchenmerkmale gefunden:		
	• spielt in der Vergangenheit („Es war einmal …")		
	• Zeitpunkt/Ort sind ungenau („Es war einmal …")		
	• es kommen gegensätzliche Tiere vor (gut: Geißlein – böse: Wolf)		
	• Besondere Zahlen sind wichtig (sieben Geißlein)		
	• am Ende siegt das Gute (Geißlein leben, Wolf ertrinkt)		
3	Ich habe mit eigenen Worten erklärt, wie der Wolf die Geißlein täuscht (er isst Kreide um seine Stimme zarter zu machen und färbt seine Pfote mit Mehl weiß)		
4	Ich habe aufgeschrieben, wie sich das Geißlein vor dem Wolf versteckt.		
	Ich habe dies aus Sicht des Geißleins aufgeschrieben.		

deutsch.kombi plus 5 Arbeitsheft 2015 | ISBN: 978-3-12-313431-9

Sachtexte lesen und verstehen

Selbsteinschätzungsbogen

Diese Übersicht hilft dir, deinen Übungsstand selbst einzuschätzen.
Überprüfe deine Ergebnisse und kreuze an:
☺ für „Das kann ich schon gut", ☹ für „Das muss ich noch üben".

Aufgabe	Ergebnisse	☺	☹
1	Ich habe notiert, worum es in dem Text gehen könnte. (z. B. Wölfe, Tiere)		
2	Ich habe notiert, was ich über Wölfe weiß.		
4	Ich habe jeden Absatz in einem Satz zusammengefasst.		
	Ich habe in jedem Absatz maximal drei Schlüsselwörter markiert.		
5	Ich habe die richtigen Antworten gefunden:		
	Der Wolf lebt auch in den Wäldern Nordamerikas.		
	Wölfe sind Hetzjäger.		
6	Ich habe die falschen Aussagen berichtigt:		
	Im Rudel herrscht eine Rangordnung.		
	Mit Heulen verständigen sie sich über weite Entfernungen.		
	Die Jungen werden zwei Monate lang gesäugt.		
7	Ich habe die Fragen mit ganzen Sätzen beantwortet.		
	a) z. B. An der Spitze eines Wolfsrudels steht ein Leitwolf. Die zweit wichtigste ist die Leitwölfin. Die anderen Wölfe sind ihnen untergeordnet.		
	b) z. B. Streitigkeiten werden durch kurzes Drohen oder Knurren gelöst.		
	c) z. B. Einmal im Jahr bringt die Wölfin 4–6 Junge zur Welt.		

deutsch.kombi plus 5 Arbeitsheft 2015 | ISBN: 978-3-12-313431-9

Irrwege

○ **1** Lies die folgenden Wegbeschreibungen und kreuze an, welche Beschreibungen richtig sind. Nutze dazu die Karte auf Seite 42.

1. Vom Waldweg zum Kino

- ☐ *Geh die Geschwister-Scholl-Straße geradeaus und am Ende nach links in den Mühlgraben. An der nächsten linken Ecke siehst du das Kino.*
- ☐ *Geh die Talstraße nach links, dann geradeaus bis zur Humboldtstraße. Geh dann rechts, an der Hauptstraße vorbei und links in die Suhler Straße. Gleich an der Ecke ist das Kino.*

2. Von der Bank zur Kaufhalle

- ☐ *Wenn du zur Kaufhalle möchtest, musst du den Mühlgraben geradeaus bis zur Bahnhofstraße gehen. Dort geht's links bis zur Hauptstraße und dann rechts. Die Humboldtstraße musst du noch ein ganz kleines Stück nach links gehen, dann stehst du vor der Kaufhalle.*
- ☐ *Zur Kaufhalle musst du den Mühlgraben entlanggehen und am Kino nach links abbiegen. Kurz danach geht es wieder rechts in die kurze Straße und die nächste Straße gleich wieder links. Dort sieht man die Kaufhalle schon.*

3. Vom Bäcker zur Turnhalle

- ☐ *Geh rechts und dann links am Park vorbei immer geradeaus. An der Bank musst du nach rechts, da ist die Turnhalle dann auf der linken Seite.*
- ☐ *Geh hier ein Stück nach links und dort am Blumenladen rechts. Auf der Humboldtstraße musst du ganz bis zum Ende laufen und dann links in die Suhler Straße biegen. An der nächsten Ecke ist die Turnhalle.*

● **2** **EXTRA** Beschreibe einen Weg deiner Wahl, z. B. vom Bahnhof nach Hause. Entscheide dich für einen Start- und Zielpunkt. Verwende Richtungsangaben, z. B. nach links, geradeaus. Nenne in deiner Beschreibung wichtige Straßen, Plätze oder Gebäude. Schätze die Entfernungen.

Mein Weg beginnt ______________________ *und führt* ______________________

Wo befindet sich …?

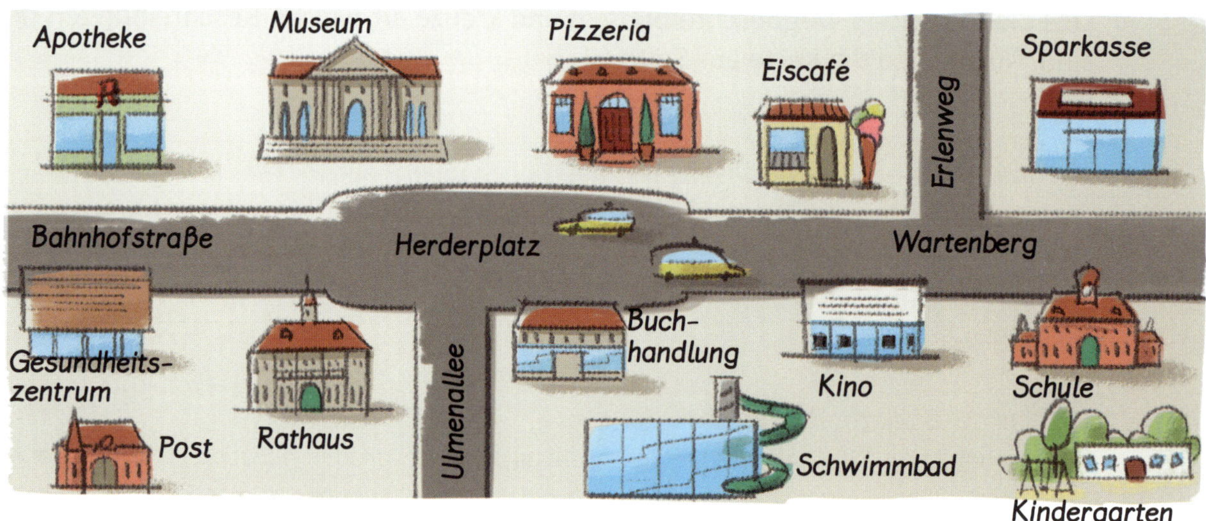

1 Wo befindet sich …? Sieh dir die Abbildung an und vervollständige die Sätze. Verwende die folgenden Präpositionen.

zwischen | in | an | hinter | neben | vor | gegenüber | auf | zu

1. Das Museum befindet sich *in der Bahnhofstraße zwischen der Apotheke und der Pizzeria.*
2. Das Gesundheitszentrum befindet sich ____________________
3. Die Buchhandlung befindet sich ____________________
4. Die Post befindet sich ____________________
5. Das Kino befindet sich ____________________
6. Das Schwimmbad befindet sich ____________________

2 Wohin gehst du? Vervollständige die Antworten. Setze die richtigen Artikel ein.

in die ______ Apotheke | *in* ______ Schule | *in* ______ Schwimmbad
auf ______ Herderplatz | *auf* ______ Brocken | *auf* ______ Eiffelturm

Merke

Wortart Präpositionen

Wörter wie **an, auf, aus, hinter, vor, in, nach, über, zwischen** sind **Präpositionen** (Verhältniswörter).
Sie verlangen einen bestimmten Fall (Kasus):
- Auf die Frage **Wo?** folgt diesen Wörtern der **Dativ.**
- Auf die Frage **Wohin?** folgt diesen Wörtern der **Akkusativ.**

Manchmal verschmelzen sie mit dem Artikel
→ an + dem → am; an + das → ans; in + dem → im; in + das → ins;
zu + dem → zum; zu + der → zur; bei + dem → beim; von + dem → vom

Kommt alle zu meiner Party!

1 Jana feiert ihren Geburtstag. Damit alle Freunde den Weg zu ihrem Haus finden, hat sie eine Wegskizze gezeichnet. Ergänze mithilfe der Skizze die fehlenden Präpositionen, Artikel und Substantive/Nomen in der Wegbeschreibung. Achte auf die richtigen Fälle.

1. Du gehst zunächst geradeaus bis *zur Parkstraße* (Parkstraße).
2. In ______________ (Parkstraße) auf ______________ (rechte Seite) wohnt Sabine. Gehe die Parkstraße entlang.
3. Du überquerst ______________ (Parkstraße) und biegst links in ______________ (Hauptstraße) ein.
4. An ______________ (Ampel) überquerst du ______________ (Hauptstraße).
5. Dann gehst du ______________ (Drosselsteg) immer geradeaus bis ______________ (Berliner Straße).
6. Am besten gehst du gleich an ______________ (Ampel) über ______________ (Berliner Straße) und gehst nach links.
7. Am Ende ______________ (Berliner Straße) wohnt auf ______________ (rechte Seite) Stefan.
8. Von hier erreichst du in ______________ (eine Minute) ______________ (Silcherweg).
9. Du hältst dich rechts und gehst bis ______________ (Ampelkreuzung).
10. Dort gehst du über ______________ (Silcherweg) und stehst direkt vor ______________ (mein Haus).

Flyer, Plakat oder Einladung?

1 Sieh dir die Einladungen genau an. Prüfe mithilfe der Checkliste, ob sie vollständig sind. Schreibe auf, was fehlt. Nenne dazu die Nummern in der Checkliste.

Musik auf Rheinfels

Am Sonntag, 12. Juli 2015
auf der Burgruine Rheinfels.
Orchester, Vokalensemble und
Big Band der Musikschule
Rheinhausen laden ein.

Sommerliche Melodien –
von Jazz bis Rap

Einlass ab 10:00, Ende offen
Für Speisen und Getränke
ist gesorgt.

Tag des Buches

Am Samstag, 18. Oktober, von 14.00–18.00 Uhr

Lesung
Vorlesewettbewerb
Bücherflohmarkt

Die Autorin Jutta Dietel liest
aus ihrem neuen Jugendbuch
„Das hätte ich nicht gedacht“

Eintritt frei

Tel. Anmeldungen: Kulturverein Neustadt unter 03214 56 78

Am 27. März wählt Burgneustadt
seinen neuen Bürgermeister.

Einladung zur Vorstellung
der Kandidatinnen/Kandidaten

Die Kandidatinnen und Kandidaten stellen sich in einer öffentlichen Veranstaltung am 10. Februar 2016 vor.
Alle Bürgerinnen und Bürger sind herzlich eingeladen.
Die Veranstaltung beginnt um 19:00 Uhr.

B. Müller
Sprecher des Gemeinderats

Olli and his Gang

DAS Konzert!

Was? *Mit neuem Programm „Fantasie“*
Wo? *Jugendzentrum am Treidelpfad*
Wann? *Samstag, 19. April 2016*
Wie? *Fantastisch!*

Bei Vorlage dieses Flyers werden an der Abendkasse 50 Prozent Nachlass gewährt!

Checkliste

Eine Einladung sollte folgende Informationen enthalten:

☑ 1. Was findet statt? ☑ 2. Wer lädt ein? ☑ 3. Wann? Wo? ☑ 4. Ist der Eintritt frei?

Wenn nötig, kann man auch eine Wegbeschreibung schreiben und sagen, ob man sich anmelden soll.

 deutsch.kombi plus 5, S. 152–161

… und laden herzlich ein

1 Lies die Einladung und beantworte die Fragen:

1. Wer lädt ein?
2. Wozu wird eingeladen?
3. Wo findet die Veranstaltung statt?
4. Wann beginnt sie?
5. Wer wird eingeladen?
6. Was erfährt man über das Programm?

Liebe Eltern, liebe Lehrerinnen und Lehrer, 

wir, die Gesamtschülervertretung, möchten Sie und Ihre Familie ganz herzlich zu unserem diesjährigen Sommerfest in die Sporthalle einladen. Es findet am Freitag, dem 1. Juni (ab 19.00 Uhr) statt. Lassen Sie sich von Gesangs-, Tanz- und Showeinlagen beeindrucken, hören Sie das erste Konzert der neuen Schülerband und lachen Sie über den Auftritt unserer Lehrerinnen und Lehrer.
In der Pause können Sie sich am gemeinsamen Buffet von unserer Koch-AG und dem Förderverein bedienen.
Karten erhalten Sie für 1 Euro an der Abendkasse.
Bitte tragen Sie im unteren Abschnitt ein, mit wie vielen Personen Sie kommen möchten.
Wir freuen uns auf Sie!

2 EXTRA Forme die tabellarische Einladung zu einem fortlaufenden Text einer originellen Einladung um. Erweitere deinen Text durch Anrede und Anmeldung:
- Wie redet der „Hexenmeister" seine Freunde in der Einladung an?
- Bis wann und in welcher Form müssen sie ihm Bescheid geben, ob sie kommen?

Hexenparty

Was?	Kostümfest mit Besenlauf und Zaubertricks
Wer?	Der Hexenmeister
Wo?	Gartenreihe 13, 55332 Benkendorf
Wann?	am Samstag, dem 13.11., ab 16:11 Uhr
Wie lange?	bis ca. 22:11 Uhr
Warum?	Paul wird 11
Essen?	giftgrüner Wackelpudding, panierte Kürbisse
Trinken?	Zaubertränke

 deutsch.kombi plus 5, S. 152–161

Feste feiern

1 Lies die Einladung und markiere die Wörter mit besonderer Schreibung.

Der Mars lebt!

Liebe Faschingsfreunde aus dem Universum!

Wir, die Außerirdischen aus der Galaxis der 5a, laden euch zu unserer Luxus-Faschingsparty ein. Sie soll am 26. Februar, 14.00 Uhr bis 18.00 Uhr im Lesesaal der See-Schule stattfinden.

1. Eingeladen sind: Alle Narren und Närrinnen aus den 5. Klassen sowie Hexen, Nixen, Feen und Theaterkünstler aus den 6. Klassen und außerdem auch sechs sympathische Erwachsene aus unserer Schule

2. Zu essen gibt es: Echsen-Kekse, Wachs-Krapfen, Fuchs-Plätzchen, Jux-Brote und andere exotische Köstlichkeiten

3. Zu trinken gibt es: Beeren-Tee, Meerwasser-Kaffee, Boxer-Limo, Schnee-Milch und andere Mix- und Murksgetränke

2 Diese Wörter musst du dir einprägen. Trage die Merkwörter aus der Einleitung in die Tabelle ein. Bei Zusammensetzungen schreibe nur das betreffende Wort.

Wörter mit aa, ee, oo	Wörter mit ks-Laut (chs, x, ks, cks, gs)	Wörter mit y, th, ph, qu
der See	*die Galaxis*	*die Party*

3 Ergänze in der Tabelle auch die folgenden Wörter mit Artikel.

Achse, Alphabet, Apotheke, Beet, Examen, Ochse, Luchs, Paar, Praxis, Quadrat, Quark, Strophe, tagsüber, Waage, wachsen, Zoo, wechseln, Speer, Aal

 deutsch.kombi plus 5, S. 162–165

Lauter Merkwörter!

1 Ordne die Qu-Wörter in folgende Tabelle ein. Beachte die Groß- und Kleinschreibung.

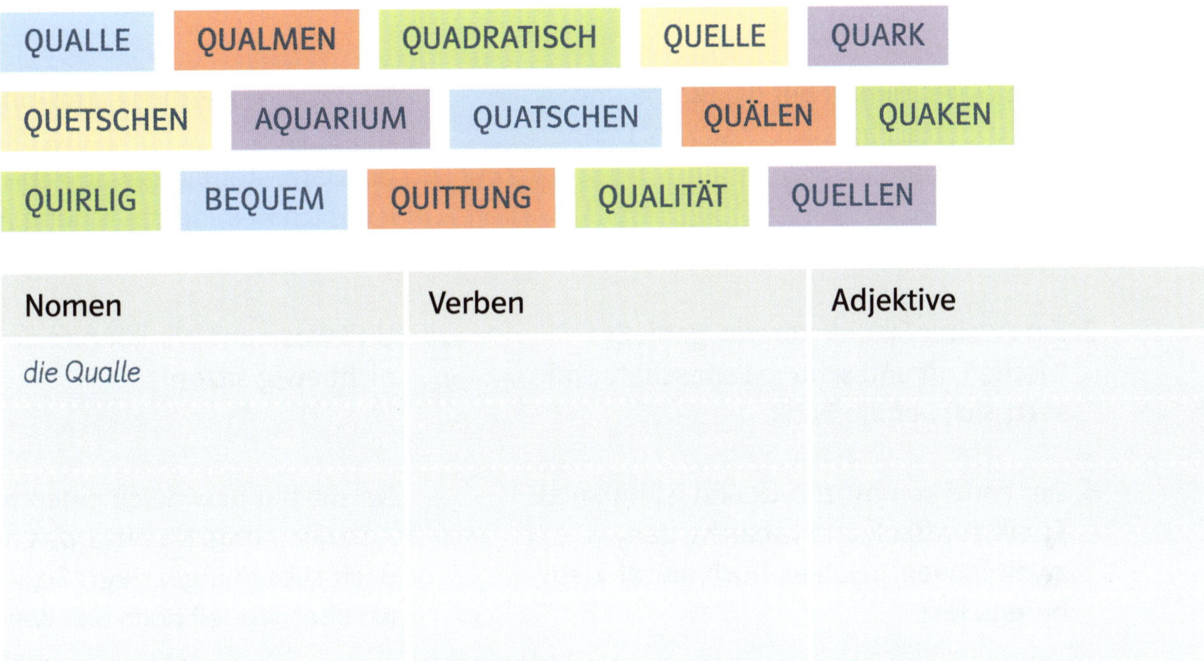

Nomen	Verben	Adjektive
die Qualle		

2 Mit welchen Buchstaben fangen die Wörter an? Verbinde die Wortteile auf den Fischen mit dem passenden Köder. Schreibe die Wörter auf. Schreibe die Substantive/Nomen mit Artikel.

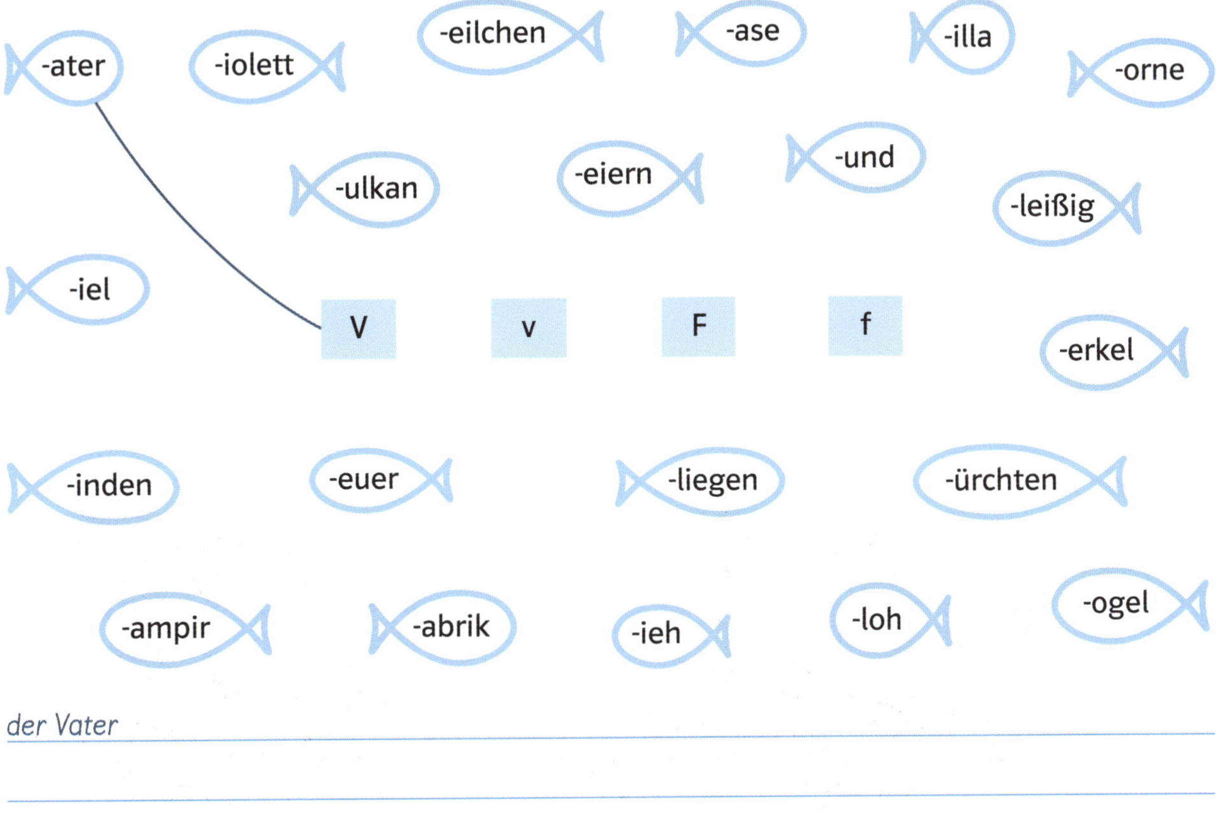

der Vater

Kleine Szenen – große Wirkung

1 Lies die Szenenabschnitte links und gib der Geschichte eine passende Überschrift.

Szenenabschnitt		Wörtliche Rede
1. Ein Spieler kommt auf die Bühne und streicht eine Parkbank frisch an. Dann geht er weg.	☐	„Ist das eine herrliche Luft! Und diese Ruhe! Was für schöne alte Bäume! Ah, die Bank steht ja genau richtig. Da kann ich in Ruhe die schöne Aussicht genießen."
2. Ein zweiter Spieler kommt, genießt frische Luft und schöne Landschaft und setzt sich auf die Bank.	☐	„Und was nun? Wir können doch hier nicht ewig sitzen!"
3. Der erste kommt zurück und ist entsetzt. Er eilt zur Bank und versucht, den zweiten wegzuziehen. Doch dieser klebt bereits fest.	☐	„Na, die hat ja wirklich einen neuen Anstrich nötig. Na bitte, das habe ich doch super hingekriegt! So, jetzt hole ich aber schnell noch das Warnschild."
4. Der erste Spieler ist verzweifelt und setzt sich ratlos ebenfalls auf die Bank. Beide sitzen fest.	☐	„Ach, du meine Güte! Mensch, hier ist frisch gestrichen! Stehen Sie bloß auf!"

2 Ordne den Szenenabschnitten links die passende wörtliche Rede zu. Trage die Ziffern ein.

3 Lege fest, welche Sprechanweisung zur jeweiligen Situation und Figur passt.

	Figur	Sprechanweisung
1.	*Spieler 1*	*spricht laut,*
2.		
3.		
4.		

4 Übe deine szenische Lesung mit verteilten Rollen oder verstellter Stimme.

 deutsch.kombi plus 5, S. 166–175

Ein unerwarteter Gast

1 Lies das folgende Gedicht. Überlege, wie sich die Figuren in den Textabschnitten fühlen. Notiere die Gefühle am Rand. Du kannst die folgenden Gefühle verwenden oder dir andere ausdenken.

Schreck | Angst | Erleichterung | Unsicherheit | Überraschung | Freude

Joachim Ringelnatz
Heimatlose

Ich bin fast _Schreck_ ____________
Gestorben vor Schreck:

In dem Haus, wo ich zu Gast ____________
War, im Versteck, ____________
Bewegte sich, ____________
Regte sich ____________
Plötzlich hinter einem Brett ____________
In einem Kasten neben dem Klosett, ____________
Ohne Beinchen, ____________
Stumm, fremd und nett
Ein Meerschweinchen.

Sah mich bange an, ____________
Sah mich lange an, ____________
Sann wohl hin und sann her,

Wagte sich
Dann heran ____________
Und fragte mich: ____________
„Wo ist das Meer?"

2 Bereite das Gedicht für eine szenische Lesung vor. Ergänze dazu die Tabelle. Lege fest, welche Sprechanweisung zu welcher Textstelle passt.

Textstelle	Gefühl	Sprechanweisung
Zeile 1 bis 2	*Schreck*	*leise, Spannung erzeugen*
Zeile 3 bis 11		
Zeile 12 bis 14		
Zeile 15 bis 18		

3 Lies das Gedicht laut vor. Setze dabei die verschiedenen Sprechweisen ein.

Ohne Worte – mit Worten

1 EXTRA Lies die folgende Geschichte und lege einen Spielplan an. Übernimm dazu die folgende Tabelle in dein Heft.
- Notiere zuerst die Situationen.
- Ergänze dann Fredriks Gefühle in jeder Situation.
- Überlege dir zuletzt, welche Mimik/Gestik zu jedem Gefühl passt.

Situation	Gefühl	Mimik/Gestik
1 (allein in der Umkleide)	*verträumt*	*schaut verträumt im Raum umher*

Fredrik hatte beim Umziehen getrödelt. Auf einmal war er ganz allein in der Umkleide. Alle anderen waren schon hochgelaufen und die Sportlehrerin hatte abgeschlossen. Erst bemerkte es Fredrik gar nicht. Er saß auf der Bank und schaute verträumt zu dem kleinen Fenster heraus, wo ein Vogel im Baum sang. Fredrik lauschte. Auf einmal schaute er sich um und bemerkte, dass keiner mehr da war. Er nahm seine Sachen und lief zur Tür, aber die war abgeschlossen. Panisch drückte er immer wieder die Türklinke. Nichts geschah. Dann klopfte er gegen die Tür. Er rief und klopfte. Nach einer Weile sank er verzweifelt gegen die Tür. „So ein Mist", dachte er. Ihm war mit einem Mal richtig nach Heulen zumute. Da hörte er einen Schlüssel im Schloss. Sein bester Freund Ilias hatte nach ihm gesucht. Erleichtert stand Fredrik auf und lächelte Ilias an.

2 EXTRA Versuche dich in die Situation von Fredrik hineinzufühlen. Übe mithilfe deiner Tabelle eine Pantomime ein.

3 PLUS Lea will ihren Fahrradcomputer verkaufen, Oliver ist interessiert. Lies die Spielanweisungen. Entwirf ein Verkaufsgespräch zwischen beiden und schreibe es auf.

Figuren	Spielanweisungen
Oliver	*Er möchte sehr gerne einen Fahrradcomputer haben, auch wenn er gerade knapp bei Kasse ist. Vielleicht bekommt er ihn ja etwas billiger. Auf jeden Fall will er wissen, ob er fehlerfrei arbeitet. Er will auch genau wissen, wie man den Fahrradcomputer bedient: Geschwindigkeitsanzeige, Tageskilometer, Gesamtkilometer, Durchschnittsgeschwindigkeit, Zeit- und Datumsanzeige, Stoppuhr, Batteriewechsel, Montage am Fahrrad.*
Lea	*Ihr alter Fahrradcomputer sieht zwar nicht mehr besonders gut aus, er funktioniert aber noch einwandfrei. Sie hat die Gebrauchsanweisung leider nicht aufgehoben, aber die meisten Funktionen kann sie erklären. Sie würde Oliver auch bei der Montage und bei den Einstellungen helfen. Als Preis hat sie 7 € in die Anzeige geschrieben, sie würde ihn aber auch etwas billiger verkaufen.*

Biete
- Fahrradcomputer McBike TXL
- komplett mit Batterie und Speichennippel
- 7 Funktionen, voll funktionsfähig
- Gehäuse verkratzt
- Preis: 7 Euro

 deutsch.kombi plus 5, S. 166–175

Spielereien mit Satzgliedern

Anja angelt Aale in Albanien.

Daniel dressiert dicke Dackel in Deutschland.

Françoise feiert fröhliche Feste in Frankreich.

Gregor genießt große Granatäpfel in Griechenland.

Hermine hilft Henrik im Haushalt.

Indira isst immer Inselspezialitäten in Indonesien.

Mohammed mag Moscheen in Marokko.

Raissa reitet riesige Rentiere in Russland.

Zambo zerschneidet zehn Zitronen in Zaire.

1 Stelle fest, was das Besondere an diesen Sätzen ist. Bilde selbst so einen Satz.

2 Trage Subjekt, Prädikat und Objekt aller Sätze in die Tabelle ein. Setze die Tabelle in deinem Heft fort.

Subjekte	Prädikate	Objekte
Anja	*angelt*	*Aale*

Merke

Satzglieder

Sätze bestehen aus **Satzgliedern**. Ein Satzglied kann aus **einem Wort** oder **einer Wortgruppe** bestehen und lässt sich innerhalb eines Satzes **verschieben**.
Mit der **Umstellprobe** kann man die Satzglieder und ihre Anzahl ermitteln. Wörter und Wortgruppen, die bei der Umstellung des Satzes zusammenbleiben, sind **Satzglieder**.

→ Der Zauberer übergibt dem Assistenten seinen Zauberstab.
→ Dem Assistenten übergibt der Zauberer seinen Zauberstab.
→ Seinen Zauberstab übergibt der Zauberer dem Assistenten.

! Bei der Umstellung darf der Satz seinen Sinn nicht ändern.

 deutsch.kombi plus 5, S. 176–181

Wege zu Konzentration und Entspannung

1 Lies den folgenden Text und markiere alle Prädikate.

Der Unterricht beginnt
Ihr setzt euch bequem hin. Ihr schließt die Augen. Ihr atmet tief und ruhig ein. Der Spielleiter führt euch durch euren heutigen Tag. Ihr erlebt den Tag ruhig in Gedanken noch einmal. Um sieben bin ich heute aufgestanden. Beim Aufstehen habe ich mich müde gefühlt. Dann …

2 Lies den folgenden Text. Schreibe dann die Sätze so ab, dass die Prädikate immer in dem Kreis/den Kreisen stehen.

Ihr (*setzt*) *euch bequem* (*hin*).

______ ( ) ______.

______ ( ) ______ ( ).

______ ( ) ______
______.

______ ( ) ______
______.

______ ( ) ______ ( ).

______ ( ) ______
( ).

Merke
Prädikat

Das **Prädikat** steht im **Zentrum** des Satzes. Es gibt an, **was geschieht** oder **was jemand tut.** Es kann aus einem oder mehreren **Verben** bestehen.
→ Er kocht heute seine Suppe. → Er will heute seine Suppe kochen.

! Das Prädikat (oder ein Prädikatteil) steht in einem Aussagesatz immer an **zweiter Satzgliedstelle** und kann nicht verschoben werden.

 deutsch.kombi plus 5, S. 176–181

3 Lies den folgenden Text und unterstreiche alle Subjekte.

Regentropfen
Jeder nimmt zwei Stifte, einen in jede Hand. Setzt euch entspannt hin und schließt die Augen. Der Spielleiter geht leise herum und tippt nacheinander jedem auf die Schulter. Wenn ihr berührt worden seid, sprecht ihr in Gedanken immer wieder das Wort „Regentropfen“. Dabei schlagt ihr die beiden Stifte leicht gegeneinander in dem Rhythmus, in dem ihr das Wort „Regentropfen“ sprecht. Wenn jeder seinen Rhythmus gefunden hat, legt der Spielleiter nacheinander jedem Schüler die Hand kurz auf die Schulter. Ihr sitzt dann wieder ganz ruhig, bis alle aufgehört haben.

4 Bestimme die unterstrichenen Satzglieder.

die Augen → Akkusativobjekt

5 Markiere im folgenden Satz die Satzglieder. Stelle ihn so oft wie möglich um und schreibe ihn auf.

Heute erzählt der Lehrer den Kindern eine Geschichte.

Merke

Satzglied Subjekt

Das **Subjekt** gibt an, **wer** oder **was** etwas tut. Man erfragt es mit **wer** oder **was**.
→ Unser Zauberer hat eine Idee.
Frage: **Wer** oder **was** hat eine Idee? – Antwort: Unser Zauberer.

Satzglied Objekt

Das **Objekt** ergänzt einen Satz durch Informationen. Objekte können aus **Substantiven/Nomen** und/oder **Pronomen** bestehen.
→ Er sagt uns die Zauberformel.

Am häufigsten kommt das **Akkusativobjekt** vor. Man erfragt es mit **wen** oder **was**.
→ Er sagt uns die Zauberformel.
Frage: **Wen** oder **was** sagt er uns? – Antwort: Die Zauberformel.

Es gibt außerdem das **Dativobjekt**. Man erfragt es mit **wem**.
→ Er sagt uns die Zauberformel.
Frage: **Wem** sagt er die Zauberformel? – Antwort: Uns.

www – Willkommen in der weiten Welt

1 Erstelle eine Umfrage zum Thema „Computerspiele“. Gehe so vor:
- Notiere zuerst, wen du befragen willst.

- Überlege nun, was du erfragen willst. Notiere Fragen dazu.

Welche Computerspiele spielst du am liebsten?

- Führe deine Umfrage durch. Du kannst z. B. deine Familie oder Freunde fragen.

2 Eine Schülerin hat eine Umfrage zum Thema „Wie nutzt du das Internet?“ durchgeführt. Lies ihre Notizen und fasse die Ergebnisse in wenigen Sätzen zusammen.

	Wer?/Wie viele? (Auswertung)
auf dem Smartphone spielen	*卌 卌 ||| = 13*
mit Freunden chatten	*卌 卌 卌 = 15*
für die Hausaufgaben recherchieren	*卌 = 5*
Lieblingsserie gucken	*卌 卌 = 10*
Fotos teilen	*卌 |||| = 9*

Die Übersicht zeigt, dass die meisten Kinder das Internet nutzen, um mit Freunden zu chatten.

deutsch.kombi plus 5, S. 182–193

Beliebte Medien

1 Lies die folgenden Aussagen. Welches Verhalten ist korrekt, welches nicht? Notiere am Rand, wo gegen Regeln zum Umgang mit dem Internet verstoßen wird.

A *Wenn am Samstag schönes Wetter ist, können wir bei mir zu Hause grillen! Ich eröffne nachher gleich eine Gruppe. Da können wir besprechen, wer was mitbringt und alle wissen gleich Bescheid.*

B *Hahaha, guckt euch mal das Foto an, das ich heimlich von meiner Nachbarin gemacht habe! Sieht die doof aus! Ich muss es sofort posten, damit der Rest der Klasse auch darüber lachen kann!*

C *Du kannst dich auch einfach über meinen Account einloggen. Das Passwort kennst du ja, ist das gleiche wie überall. Einfach meinen Geburtstag ...*

D *So, jetzt muss ich nur noch meinen Geburtstag, meine Adresse und meine Telefonnummer eintragen, dann bekomme ich das Spiele-Abo.*

2 **EXTRA** Beschreibe nun selbst eine Situation, die zeigt, was man beim Umgang mit dem Internet beachten muss.

3 **PLUS** Wozu nutzt du das Internet? Stelle die Webseite vor, die du am häufigsten besuchst. Beschreibe, wie die Seite aufgebaut ist und wozu du sie nutzt.

Meine Lieblingsseite ist

Trenn-Übungen

1 Schreibe den Tipp in richtiger Groß- und Kleinschreibung auf.

AMBESTENNURTRENNEN,WENNESÜBERHAUPTKEINENPLATZMEHRAMENDEDERZEILEGIBT.

2 Bei folgenden Wörtern sind die Silben vertauscht. Schreibe die Wörter richtig auf und trenne sie. Achte auf die Groß- und Kleinschreibung.

Au-ge,

3 Trenne die folgenden Wörter so oft wie möglich.

Sil-ves-ter-karp-fen

4 Bilde möglichst viele Wörter und schreibe sie auf. Streiche die verwendeten Silben durch. Achte auf die Groß- und Kleinschreibung.

 deutsch.kombi plus 5, S. 194–197

Was ist Reise-intopf?

1 So hat der Computer getrennt. Berichtige die folgenden Trennungen so, dass Missverständnisse vermieden werden.

Blumento-pferde *Blumentopf-erde* ______

Schulk-inder ______

uns-icher ______

bein-halten ______

Bäcker-ei ______

Wachs-tube ______

Aussen-dung ______

Stiefel-tern ______

Schwimmen-te ______

Spargel-der ______

2 Wie würde der Computer die markierten Wörter der Ernährungsregeln trennen? Schreibe sie getrennt auf.

Ernährungsregeln

Esst immer so natürlich wie möglich. *mög-lich* ______

Ernährt euch stets mit viel Abwechslung. ______

Kaut ausgiebig und genießt die Mahlzeit. ______

Esst nicht zu stark gesalzen, sondern würzt mit ______

Kräutern und Gewürzen. ______

Achtet unbedingt auch auf die versteckten Fette. ______

3 Welche der Wörter im Text aus Aufgabe 2 kann man trennen, welche nicht? Sprich die Wörter deutlich in Silben, schreibe sie dann so auf.

Er-näh-rungs-re-geln Esst im-mer ______

______

______

______

Merke

Trennung von mehrsilbigen Wörtern

Mehrsilbige Wörter trennt man nach **Sprechsilben**, die sich beim langsamen Sprechen von selbst ergeben → Sil-ben-tren-nung.

Einzelne Buchstaben am Wortanfang oder Wortende werden jedoch nicht abgetrennt → Über-see, Olym-pia-dorf.

Zusammengesetzte Wörter werden nach ihren sprachlichen Bestandteilen getrennt → Schluss-szene, Glas-auge, Trenn-übung, See-elefant, Straußen-ei, Druck-erzeugnis.

Als das Wünschen noch geholfen hat

○ **1** Lies das Märchen und beantworte die Fragen zum Inhalt.

Janosch erzählt Grimms Märchen

Der Fundevogel

Eine Frau war im Wald eingeschlafen, da kam ein Bussard von oben und raubte ihr Kind. Er nahm es mit in sein Nest und zog es auf wie seine eigenen Kinder. Er lehrte es fliegen wie ein Bussard. Er lehrte es sehen wie ein Bussard und lehrte es, ein König zu sein wie ein Bussard. Und bald war's so, dass der Junge auch aussah wie ein Bussard.

Freilich konnte er nicht ganz so gut fliegen wie sein Vater. Konnte auch nicht ganz so gut sehen wie sein Vater, und so geschah es einmal, dass ein Förster, der im Wald auf der Jagd war, ihn fing. Er nahm ihn mit nach Haus, und weil er aussah wie ein Vogel und der Förster ihn ja gefunden hatte, nannte er ihn den „Fundevogel".

Der Förster aber hatte eine Tochter. Die beiden wuchsen zusammen auf, wurden zusammen größer, und bald konnte einer ohne den anderen nicht mehr leben. Das Mädchen teilte sein Essen mit dem Fundevogel und lehrte ihn sprechen: „Verlässt du mich nicht, verlass ich dich auch nicht." „Verlässt du mich nicht, verlass ich dich auch nicht", sagte der Fundevogel.

Nun zeigte sich bald, dass der Fundevogel unter den Federn ein schöner Junge war. Aber weil die Mutter des Mädchens es nicht wissen durfte, sprachen sie nur miteinander, wenn niemand es hörte.

„Verlässt du mich nicht, verlass ich dich auch nicht!"

„Verlässt du mich nicht, verlass ich dich auch nicht!"

Die Mutter des Mädchens konnte den Fundevogel nämlich nicht leiden. Jeden Tag gab sie ihm etwas weniger zu fressen und schimpfte, wenn sie sah, dass ihre Tochter ihr Essen mit dem Vogel teilte. Und wenn es niemand sah, haute die Mutter dem Fundevogel eins von hinten an den Kopf. Darüber ärgerte sich der Fundevogel, und heimlich, wenn niemand es sah, lehrte er das schöne Mädchen fliegen. Freilich lernte sie es nie so gut, wie ihr Fundevogel es konnte, aber von Tag zu Tag ging's etwas besser. Es verging die Zeit. Das Mädchen wurde immer schöner, und der Fundevogel wurde immer stärker.

„Verlässt du mich nicht, verlass ich dich auch nicht", sagte das Mädchen.

Und der Fundevogel sagte: „Verlässt du mich nicht, verlass ich dich auch nicht."

Und dann eines Tages, in aller Frühe, flogen der Fundevogel und das Mädchen davon, bauten sich ein Nest auf einem hohen Baum und lebten dort glücklich wie im Paradies.

a Welche magischen Figuren kommen vor?

b Sind die Figuren gegensätzlich?

c Wie endet das Märchen?

d Welcher besondere Spruch wird verwendet?

○ **2** Ordne die Bilder in der Reihenfolge des Märcheninhalts. Nummeriere sie dazu.

◒ **3** Markiere nun im Text alle Handlungsorte. Notiere in Stichworten, was dort geschieht.

Wald:

● **4** **EXTRA** Erzähle die Geschichte als Ich-Erzählung aus der Sicht des Fundevogels. Achte darauf, dass du die Abfolge der Orte einhältst.

Merke
Perspektive

In einer **Ich-Erzählung** wird das Geschehen aus der **Perspektive** (Sicht) einer Figur erzählt. Sie sagt → „Ich lebte damals …", „Dann ging ich …".
Der Erzähler tut so, als hätte er alles selbst erlebt, gefühlt und gedacht.

Hinter den Bergen bei den sieben Zwergen

1 Lies den Märchenanfang.

Schneewittchen

Es war einmal mitten im Winter, und die Schneeflocken fielen wie Federn vom Himmel herab. Da saß eine Königin an einem Fenster, das einen Rahmen von schwarzem Ebenholz hatte, und nähte. Und wie sie so nähte und nach dem Schnee aufblickte, stach sie sich mit der Nadel in den Finger, und es fielen drei Tropfen Blut in den Schnee. Und weil das Rote im weißen Schnee so schön aussah, dachte sie bei sich: Hätt' ich ein Kind, so weiß wie Schnee, so rot wie Blut und so schwarz wie das Holz an dem Rahmen! Bald darauf bekam sie ein Töchterlein, das war so weiß wie Schnee, so rot wie Blut und so schwarzhaarig wie Ebenholz und ward darum Schneewittchen genannt ...

2 Substantive/Nomen haben verschiedene Artikel. Trage die im Text rot markierten Wörter in die Tabelle ein. Schreibe sie mit dem Artikel auf.

Das Geschlecht der Substantive/Nomen		
männlich, der	weiblich, die	sächlich, das

3 Schreibe auch die folgenden Tierbezeichnungen in die Tabelle: **Pferd**, **Hund**, **Katze**. Mit welchen Wörtern bezeichnet man die entsprechenden männlichen und weiblichen Tiere?

Pferd: Stute, Hengst, ______________________________

4 Trage auch folgende Wörter in die Tabelle ein: **Band**, **Kiefer**, **Tau**, **Steuer**, **Leiter**. Erkläre, was an diesen Wörtern besonders ist.

____

5 Die meisten Substantive/Nomen kommen im Singular und im Plural vor. Aber nicht alle. Schreibe die in Aufgabe 1 unterstrichenen Substantive/Nomen im Singular und, wenn möglich, im Plural auf.

die Schneeflocke – die Schneeflocken, ______________________________

____

____

____

Märchenmerkmale

1 Der Text ist sehr schwer zu lesen, weil die Großschreibung nicht beachtet wurde. Versuche es trotzdem.

merkmale von märchen
märchen lassen sich leicht an den immer wieder verwendeten formulierungen erkennen, die z. B. am anfang und am schluss stehen. zu beginn begeben sich die hauptpersonen oft von zu hause fort und wandern durch die welt. da begegnen sie häufig wesen mit magischen kräften – auch dem bösen in verschiedener gestalt. am ende siegt meist das gute; die märchen vermitteln die hoffnung, dass man auf das glück treffen kann – selbst wenn man vorher viele abenteuer bestehen und hindernisse überwinden muss.

2 Unterstreiche im Text alle Substantive/Nomen. Es sind 21.

3 Schreibe den Text in der richtigen Schreibweise auf.

Merke

Begleiter von Substantiven/Nomen

Als Begleiter der Substantive/Nomen treten auf:
- die **bestimmten Artikel** → der, die, das; die
- die **unbestimmten Artikel** → ein, eine
- die **Possessivpronomen** → mein, dein, sein, ihr, unser, euer, ihr

deutsch.kombi plus 5, S. 210–215

Was liest du denn gerade?

○ **1** Lies die Klappentexte zu folgenden Büchern.

A

Synne Lea
Leo und das ganze Glück
Es ist nicht leicht, Freunde zu sein, wenn die eine im Licht und der andere in der Dunkelheit lebt. Marmeladenbrote braucht man da und Winteräpfel und ein Baumhaus, von dem niemand weiß. Vor allem aber muss so eine Freundschaft stärker sein als alles andere, dann kann man es schaffen.

B

Martina Wildner
Königin des Sprungturms
Die Geschichte einer besonderen Freundschaft zweier Mädchen: Nadja und Karla, die Königin des Sprungturms. Ein unvergesslicher Sommer, in dem Nadja nicht nur hinter das Geheimnis kommt, warum Karla so phänomenal gut springt, sondern auch zu sich selbst findet. Als sie Alfons kennenlernt, schwebt sie im siebten Himmel. So ist das nämlich. Die 12-jährige Nadja kennt kein Leben ohne Karla und ohne Sprungtraining. Tag für Tag gehen sie ins Leistungszentrum – Auerbachsalto, Delfinkopfsprung und so. Zusammen sind sie die besten. Nadja ist fasziniert von Karla, die so unnahbar ist und mirakulös gut. Doch von einem Tag auf den anderen gelingen Karla keine Sprünge mehr. „Ein Pferd hat vier Beine und es stolpert auch", sagt Nadjas russische Mutter. Oder hat es doch etwas mit Ingokru, dem Freund von Karlas Mutter, zu tun? Als Karla ganz mit dem Springen aufhört, wird alles anders. Erst jetzt kann Karla von ihrem Geheimnis, warum sie in jeden Sprung ihr ganzes Leben gepackt hat, erzählen. Und Nadja gelingt der beste Sprung ihres Lebens.

○ **2** Empfiehl Paolo und Laura die passenden Bücher.

1. Laura ist Schwimmerin. Sie mag Bücher, die ihr Hobby mit interessanten Geschichten verbinden.

   Du empfiehlst ihr das Buch ______________________________.

2. Paolo liest am liebsten in seinem Baumhaus. Er mag Bücher über Themen, die er kennt, zum Beispiel über Freundschaften.

   Du empfiehlst Paolo das Buch ______________________________.

○ **3** Max entscheidet meistens nach dem Cover, welches Buch er liest. Er mag Bilder, auf denen man viele Dinge entdecken kann. Sieh dir die Cover aus Aufgabe 1 noch einmal genau an. Entscheide, welches Buch Max wählen würde.

Max wählt ______________________________.

 »» deutsch.kombi plus 5, S. 216–227

Bücher – Bücher – Bücher

○ **1** Lies die Inhaltsangabe zu „Der Träumer" von Pam Muñoz Ryan und Peter Sís.

Neftali ist 8 und lebt mit seiner Familie in Temuco, einer kleinen Stadt im Süden Chiles. Sein Vater ist streng und wünscht sich, dass er etwas „Vernünftiges" lernt. Aber Neftalis Leidenschaft ist das Lesen und das Sammeln – Blätter, Steine, Vogelnester, Tannenzapfen, Muscheln. Und immer gibt es dazu Geschichten, die sich Neftali ausdenkt, und Wörter, die er auf Zettel schreibt und in seine Schublade steckt. Seine Schätze.
Endlich kommt der Sommer, an dem sie ans Meer fahren, an den Pazifik, der rau ist und kalt, aber so unendlich weit und wunderschön. Und all sein Hoffen ist, dass der Vater vielleicht am Meer nicht so streng ist wie sonst.
Am Ende dieses einfühlsamen und warmherzigen Romans, Neftali ist inzwischen 15, müssen wir lernen, dass irgendwann jeder seinen Weg gehen muss, so schwer er auch ist und so schmerzlich Abschiede sind. Neftali geht zum Studium nach Santiago, und aus dem Jungen aus dem Süden wird der berühmte Schriftsteller Pablo Neruda.

◒ **2** Würdest du das Buch gerne lesen? Begründe.

◒ **3** **EXTRA** Schreibe auf der Grundlage der Inhaltsangabe einen kurzen Klappentext.

● **4** **PLUS** Stelle ein Buch deiner Wahl vor. Schreibe auf, wie das Buch heißt, wer es geschrieben hat, wovon es handelt. Schreibe auch, für wen dir das Buch geeignet erscheint.

Sätze sinnvoll miteinander verknüpfen

1 Bilde sinnvolle Satzverknüpfungen, indem du die richtige Konjunktion (Bindewort) einsetzt. Schreibe die Sätze auf und unterstreiche die Konjunktionen.

Clara und Mira sind in die Bibliothek gegangen, …	als	sie ein Buch über Australien ausleihen wollen.
Ricardo blieb bis in die frühen Morgenstunden wach, …	und	er einfach nicht aufhören konnte zu lesen.
Luise mag Bücher über Tiere …	während	sie mag Bücher über Expeditionen.
Jara hört ein Hörbuch, …	~~weil~~	ihr Bruder lieber selbst ein Buch liest.
Timo kann die Menge an Büchern kaum fassen, …	da	er das erste Mal in der großen Stadtbücherei steht.
Aaron stellt sich die Frage, …	ob	die Menschen auch in fünfzig Jahren noch Bücher lesen werden.
Ich leihe dir mein Lieblingsbuch, …	wenn	du mir dafür deines gibst.
Die Kinder im Kindergarten glauben, …	aber	es Feen und Zauberer gibt.
Wir werden viele Bücher lesen, …	dass	darunter werden auch einige langweilige sein.

Clara und Mira sind in die Bibliothek gegangen, weil sie ein Buch über Australien ausleihen wollen.

das oder dass?

1 Lies den Text zu dem Buch „Belgische Riesen“ von Burkhard Spinnen.

Friederikes Vater hat sich von ihrer Mutter getrennt und nun hat er eine neue Frau. Friederikes Mutter kann das Haus nicht mehr bezahlen und ihr Vater kümmert sich mehr um seine neue Freundin als um Friederike. Deshalb plant Friederike mit ihrem Freund Konrad einen höchst abenteuerlichen Rachefeldzug gegen Papas „Neue“, bei dem ein Kaninchen eine zentrale Rolle spielt.

2 Lies, wie sich einige Schülerinnen und Schüler zu diesem Buch geäußert haben. Ergänze in den Sprechblasen **das** oder **dass**.

Ich glaube, _________ mir das Buch gefallen wird. _________ lese ich. Ich hatte vor einiger Zeit ähnliche Probleme wie Friederike.

Katrin

Ja, _________ leihe ich mir aus. Ich kann mir denken, _________ es ein spannendes Buch ist.

Verena

Ich denke, _________ _________ nichts für mich ist. Früher habe ich Abenteuerbücher gerne gelesen. _________ hat sich geändert.

Daniel

Ein Buch über Probleme mag ich nicht. _________ ist mir zu langweilig. Wisst ihr übrigens, _________ ich selbst Krimis schreibe?

Sandra

Merke

Schreibung das – dass

Das Wort **das** ist ein **Artikel** oder ein **Pronomen** (Fürwort). Es kann durch andere Wörter **ersetzt werden**, z. B. durch **dieses, jenes** oder **welches**.
→ Das Plakat, das / welches dort hängt, gefällt mir.

Das Wort **dass** ist eine **Konjunktion** (Bindewort). Es kann **nicht** durch andere Wörter **ersetzt werden.** Die **dass-Sätze** antworten auf die Frage **Was?**
→ Was möchtest du? – Ich möchte, dass die Geschichte nie endet.

Mithilfe der **Ersatzprobe** kann man herausfinden, ob **das** oder **dass** gemeint ist.
→ Das Buch, das (ersetzen: welches) du mir geliehen hast, ist toll.

Tieren auf der Spur

○ **1** Lies zuerst die Überschriften und sieh dir die Bilder an. Stelle Vermutungen dazu an, worum es in dem Text geht.

Das Königsmanteltier

Ein Tier mit diesem Namen gibt es nicht. Aber die Aussage stimmt: Das **Hermelin** wurde wegen seines weißen Winterpelzes mit der schwarzen Schwanzspitze früher viel gejagt. Die Pelze durften nur zu Mänteln für Könige verarbeitet werden.

Aussehen

Hermeline sind **Raubtiere** und gehören zur **Familie der Marder**. Sie werden **auch Wiesel genannt** und besitzen – wie alle Marder – einen schlanken, lang gestreckten Körper mit kurzen Beinen. Von der Nasenspitze bis zum Po **messen Weibchen 25 bis 30 cm, Männchen** hingegen **bis 40 cm**. Hinzu kommt die Länge des Schwanzes von acht bis zwölf Zentimetern. Ein männliches Hermelin wiegt 150 bis 345 Gramm, ein Weibchen nur 110 bis 235 Gramm.

Im Sommer ist das Fell der Hermeline **oben braun** und an den Seiten **und am Bauch gelblichweiß**. Die Schwanzspitze ist dunkel. **Im Herbst** fallen die braunen Haare aus und dickere, längere **weiße Haare wachsen nach**. Trotz der schwarzen Schwanzspitze ist das Hermelin bei Schnee gut getarnt. In Gebieten mit milden Wintern bleibt das Fell braun.

Heimat

Hermeline leben **in ganz Eurasien** von Nordspanien über Frankreich, England, Skandinavien, Russland und Sibirien **bis** in die Mongolei, **zum Himalaya und zur Pazifikküste**. Auch im **nördlichen Nordamerika** sind sie verbreitet. Im Mittelmeergebiet leben sie jedoch nicht.

Lebensraum

Hermeline kommen **in den verschiedensten Lebensräumen** vor: Sie leben an Feldrainen, Hecken und Waldrändern, in der Tundra ebenso wie in der Steppe und in lichten Wäldern, aber auch im Gebirge bis in 3400 m Höhe oder in Parks. Sogar in der Nähe von Siedlungen sind sie zu finden.

Rassen und Arten

Vom Hermelin gibt es **nur eine Art**. Ihm **ähnlich ist das Mauswiesel**, welches jedoch viel kleiner ist. Seine Körperlänge beträgt nur 18 bis 23 cm. Außerdem ist die Grenze zwischen brauner Oberseite und dem weißen Bauch nicht gerade, sondern gezackt. Es lebt in fast denselben Gebieten wie das Hermelin, kommt aber auch im Mittelmeerraum vor.

Lebenserwartung

Hermeline können bis zu zwölf Jahre alt werden, **meist** erreichen sie nur **sechs Jahre**.

○ **2** Überfliege den Text: Lies nur die fett gedruckten Wörter. Beantworte danach folgende Fragen schriftlich:

1. Von welchem Tier handelt der Text? ______
2. Wie groß (lang) werden die Tiere? ______
3. Welche Besonderheiten weist das Fell auf? ______
4. Wo leben die Tiere? ______
5. Wie viele Arten der Tiere gibt es? ______
6. Wie alt werden die meisten Tiere? ______

○ **3** Lies den Text nun genau und kreuze die richtige Antwort an.

1. Im Mittelpunkt des Textes steht
   - ☐ das Mauswiesel
   - ☐ das Hermelin
   - ☐ der Steinmarder
2. Wie sieht das Sommerfell aus?
   - ☐ ganz weiß
   - ☐ ganz braun
   - ☐ braune Oberseite mit gelblichweißem Bauch
3. Wie sieht das Winterfell aus?
   - ☐ ganz braun
   - ☐ braun/weiß
   - ☐ ganz weiß mit schwarzer Schwanzspitze
4. Wo lebt das Tier nicht?
   - ☐ im Mittelmeergebiet
   - ☐ in Sibirien
   - ☐ im Gebirge
5. Wie viele Arten gibt es?
   - ☐ zwei
   - ☐ eine
   - ☐ vier

◒ **4** Notiere in Stichworten, was du über das Hermelin erfahren hast.

Wie schreibt man folgende Wörter?

1 Welches der folgenden Wörter ist richtig geschrieben? Unterstreiche es und schreibe es auf. Überprüfe die Schreibweise mithilfe eines Wörterbuches.

1. (Spur) Fährte – Ferte – Färte *die Fährte*
2. Kanienchen – Kaninchen – Kaninschen
3. Renntier – Räntier – Rentier
4. Tiger – Tieger – Tihger
5. Aphotheke – Apotheke – Apoteke
6. Rhythmus – Rythmus – Rhytmus
7. zimlich – ziemlich – ziehmlich – zihmlich
8. vorwärtz – vorwärz – vorwärts – vorwerts
9. Teater – Theather – Theater – Teather

2 Schlage die folgenden Wörter im Wörterbuch nach. Notiere die Seitenzahl und schreibe zu jedem Wort mindestens fünf Wörter derselben Wortfamilie auf.

1. Gans → Wörterbuchseite ______

   zur selben Wortfamilie gehören:

   Gänserich,

2. Affe → Wörterbuchseite ______

   zur selben Wortfamilie gehören:

3. Spinne → Wörterbuchseite ______

   zur selben Wortfamilie gehören:

Rätsel und Quiz?

1 Wie lautet das Lösungswort? – Ordne die folgenden Wörter alphabetisch und schreibe sie untereinander. Bei richtiger Reihenfolge ergeben die rot gedruckten Buchstaben das Lösungswort.

Gepard ______________________

Panda ______________________

Biber ______________________

Dromedar ______________________

Alligator ______________________

Schildkröte ______________________

Ringelnatter ______________________

Leopard ______________________

Lösungswort: ☐☐☐☐☐☐☐☐

2 Wörterbuchquiz – Nutze für die Beantwortung der Fragen ein Wörterbuch. Notiere auch die Seite, auf der du die Auskunft erhalten hast, z. B.:

1. Wie heißt der Plural von **Kaktus**? *Kakteen (Seite   )* ______________________
2. Wie oft kann man das Wort **Abend** trennen? ______________________
3. Wie lautet das Perfekt von **winken** (ich **habe ge...**)? ______________________
4. Wie lautet das Perfekt von **sinken** (das Schiff **ist ge...**)? ______________________
5. Heißt es **der**, **die** oder **das Radiergummi**? ______________________
6. Mit **d** oder **t**? – **En**■**führung**, **En**■**station**? ______________________
7. Wie ist es richtig: **Kathastrophe** – **Kattastrophe** – **Katastrophe** – **Kathastrofe**?
   Unterstreiche. (Seite ____)
8. Wie lautet die 3. Person Singular Präsens von **erschrecken** (er/sie **er ...**)?
   ____
9. Schreibt man **Er hat recht.** oder **Er hat Recht.** ? ______________________
10. Heißt es korrekt **trotz dem schlechten Wetter** oder **trotz des schlechten Wetters**?
    ____

Abenteuer, Abenteuer!

Schriftlich erzählen

1 Plane zu dem Bild mithilfe eines Erzählplans eine Erzählung. Notiere zu den folgenden Fragen Stichworte.

- **Einleitung**

Wer? ______

Wie? ______

Wo? ______

Wann? ______

Was? ______

- **Hauptteil**

Was machen die Figuren?

______

______

Was passiert den Figuren?

______

______

deutsch.kombi plus 5

Erzählschritt 1

Erzählschritt 2

Erzählschritt 3

- **Schluss**

Gibt es ein gutes oder ein schlechtes Ende?

Was passiert am Ende der Geschichte?

2 Gib deiner Erzählung eine passende Überschrift.

3 Schreibe deine Geschichte nun vollständig in dein Heft.
TIPP Denke an unterschiedliche Satzanfänge, abwechslungsreiche Adjektive und treffende Verben.

Selbsteinschätzung

Was ist dir gut gelungen?

Wobei hattest du Probleme?

Eine spannende Fantasiegeschichte erzählen

1 Schreibe eine spannende Fantasiegeschichte. Ordne die folgenden Stichworte in einer sinnvollen Reihenfolge.

flackernder Lichtschein – Geräusche – Wind weht – zitternd – unter der Decke hervorschauen – allein zu Hause – Stille – lauschen – müde – Buch „Gruseltiere" – gähnen – sanftes Klopfen – Geräusche im Badezimmer – summende Melodien im Hintergrund – Bettdecke über den Kopf – Schatten an der Tür – spannende Geschichten – Montagabend – …

2 Schreibe zuerst die Einleitung.

Wo?

Wer?

Was?

3 Schreibe nun den Hauptteil. Ordne deine Ideen verschiedenen Erzählschritten zu und lass die Geschichte spannender werden.

deutsch.kombi plus 5

4 Schreibe jetzt den Schluss deiner Geschichte. Löse die Spannung auf.
TIPP Denke dir einen überraschenden Schluss aus.

5 Gib deiner Geschichte eine passende Überschrift.

6 Wenn du deine Gruselgeschichte geschrieben hast, überprüfe sie mithilfe dieser Checkliste.

Checkliste

Überprüfe: Hast du ...	ja	nein
... alle Wörter aus Aufgabe 1 verwendet?	☐	☐
... Spannung durch passende Adjektive, Verben und Satzanfänge aufgebaut?	☐	☐
... Gedanken und Gefühle beschrieben?	☐	☐
... die wörtliche Rede verwendet?	☐	☐
... einen überraschenden Schluss erfunden?	☐	☐
... eine passende Überschrift formuliert?	☐	☐
... das Präteritum verwendet?	☐	☐
... die Geschichte in Einleitung, Hauptteil und Schluss gegliedert?	☐	☐
... die Geschichte in Absätze eingeteilt?	☐	☐

7 Verbessere deine Geschichte mithilfe der Checkliste und schreibe sie noch einmal vollständig in dein Heft.

Selbsteinschätzung

Was ist dir gut gelungen?

Wobei hattest du Probleme?

Sport und Spiel

Sachlich berichten und beschreiben

Lacrosse: Ein Ballsport aus Nordamerika
Zehn gegen zehn Spieler kämpfen auf einem fußballfeldgroßen Rasen um einen kleinen Ball. Ziel ist es, möglichst viele Tore zu schießen.
Gespielt wird mit einem kescherartigen Schläger. Die Spieler schleudern (passen) sich den Ball zu oder rennen mit dem Ball im Schlägerkorb.

Breite: 18–23 cm

Länge des Schlägers: insgesamt 90–110 cm

Material: Holz oder Kunststoff

Durchmesser: 6–7,5 cm

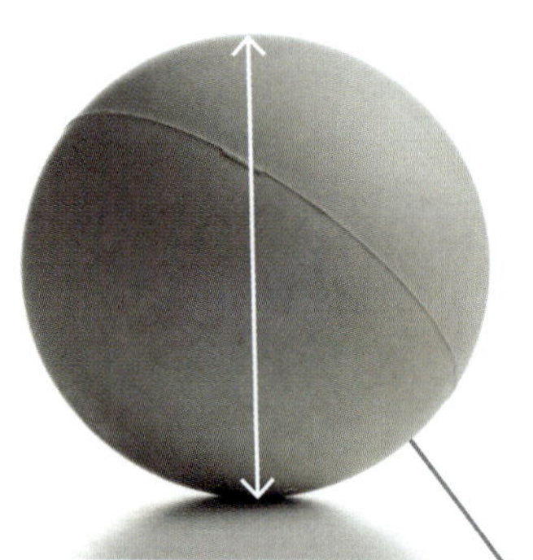

Material: Gummi

Kira war in den Sommerferien in Kanada und hat dort die Sportart Lacrosse kennengelernt. In einem Artikel für die Schülerzeitung möchte sie ihren Mitschülern diese Sportart vorstellen. Dafür muss sie auch die Ausrüstung genau beschreiben.

1 Ergänze mithilfe der Bilder die Cluster um weitere wichtige Merkmale.

2 Schreibe stichwortartig die Eigenschaften von Schläger und Ball dazu.

Form: ______

Lacrosse: Ausrüstung

Schläger

Ball

3 Verfasse nun mithilfe der Cluster eine Gegenstandsbeschreibung von Schläger und Ball. Verwende dafür den folgenden Anfang. Schreibe in dein Heft.
TIPP Achte auf einen klaren Aufbau deiner Beschreibung. Nutze unterschiedliche Verben. Schreibe im Präsens. Verwende möglichst genaue Adjektive.

Lacrosse

Die Sportart Lacrosse stammt aus Nordamerika. Sie wurde zunächst von amerikanischen Ureinwohnern gespielt und ist heute in Kanada ein wichtiger Nationalsport. Beim Lacrosse spielen zwei Mannschaften auf einem Spielfeld mit zwei Toren. Gespielt wird mit einem speziellen Schläger ...

Selbsteinschätzung

Was ist dir gut gelungen?

Wobei hattest du Probleme?

Einen offiziellen Brief verfassen

1 Deine Klasse plant einen Ausflug ins Naturkundemuseum. Du sollst nun einen offiziellen Brief schreiben, in dem du folgende Informationen erfragst:

- Öffnungszeiten
- Eintrittspreise
- Gruppenführungen im Angebot
- Verpflegungsmöglichkeiten

Notiere zuerst Stichworte dazu, warum du den Brief schreibst und welches Anliegen du hast.

2 Formuliere mithilfe deiner Stichpunkte aus Aufgabe 1 eine Anfrage an das Museum. Wähle eine angemessene Anrede und Grußformel.

3 Überprüfe deinen offiziellen Brief anschließend mithilfe der Checkliste.

Checkliste

Überprüfe: Hast du ...	**ja**	**nein**
... Absender und Empfänger an der richtigen Stelle genannt?	☐	☐
... Ort und Datum hinzugefügt?	☐	☐
... eine höfliche Anrede- und Grußformel verwendet?	☐	☐
... nach allen angegebenen Informationen gefragt?	☐	☐
... den Brief mit deiner Unterschrift abgeschlossen?	☐	☐
... alle Anredepronomen groß geschrieben?	☐	☐

4 Verbessere deinen Brief mithilfe der Checkliste und schreibe ihn noch einmal in dein Heft.

Selbsteinschätzung

Was ist dir gut gelungen?

Wobei hattest du Probleme?

Märchen lesen und verstehen

Der Wolf und die sieben jungen Geißlein

Es war einmal eine alte Geiß, die hatte sieben junge Geißlein. Eines Tages wollte sie in den Wald gehen und Futter holen, da rief sie alle sieben herbei und sprach: „Liebe Kinder, ich will hinaus in den Wald, seid auf eurer Hut vor dem Wolf." Die Geißlein sagten: „Liebe Mutter, wir wollen uns schon in acht nehmen." Da machte sich die Alte auf den Weg.

Es dauerte nicht lange, so klopfte jemand an die Haustüre und rief: „Macht auf, ihr lieben Kinder, eure Mutter ist da." Aber die Geißlein hörten an der rauen Stimme, dass es der Wolf war. Da ging der Wolf fort und kaufte sich ein Stück Kreide; die aß er und machte damit seine Stimme fein. Dann kam er zurück, klopfte an die Haustüre und rief: „Macht auf, ihr lieben Kinder, eure Mutter ist da." Aber der Wolf hatte seine schwarze Pfote in das Fenster gelegt, das sahen die Kinder und riefen: „Wir machen nicht auf, unsere Mutter hat keinen schwarzen Fuß wie du." Da lief der Wolf zum Müller und sprach „Streu mir weißes Mehl auf meine Pfote." Nun ging der Bösewicht zum dritten Mal zu der Haustüre, klopfte an und sprach: „Macht mir auf, Kinder, euer liebes Mütterchen ist heimgekommen." Die Geißlein riefen: „Zeig uns erst deine Pfote." Da legte er die Pfote ins Fenster, und als sie sahen, dass sie weiß war, machten sie die Türe auf. Wer aber hereinkam, das war der Wolf. Sie erschraken und wollten sich verstecken. Aber der Wolf fand sie alle. Eins nach dem anderen schluckte er in seinen Rachen; nur das jüngste, das fand er nicht. Dann trollte er sich fort, legte sich draußen unter einen Baum und fing an zu schlafen.

Nicht lange danach kam die Geiß aus dem Walde wieder heim. Sie suchte ihre Kinder, aber nirgend waren sie zu finden. Sie rief sie nacheinander bei Namen, aber niemand antwortete. Endlich als sie an das Jüngste kam, da rief eine Stimme: „Liebe Mutter, ich stecke im Uhrkasten." Sie holte es heraus, und es erzählte ihr, dass der Wolf gekommen wäre und die anderen alle gefressen hätte. Endlich ging sie hinaus. Als sie auf die Wiese kam, so lag da der Wolf an dem Baum und schnarchte. Sie sah, dass in seinem Bauch etwas zappelte. Da musste das Geißlein nach Hause laufen und Schere, Nadel und Zwirn holen. Dann schnitt sie dem Ungetüm den Wanst auf, und so sprangen nacheinander alle sechse heraus. Das war eine Freude! Die Alte aber sagte: „Jetzt geht und sucht Wackersteine, damit wollen wir dem gottlosen Tier den Bauch füllen." Da schleppten die sieben Geißlein die Steine herbei und steckten sie ihm in den Bauch. Dann nähte ihn die Alte in aller Geschwindigkeit wieder zu.

Als der Wolf endlich ausgeschlafen hatte, wollte er zu einem Brunnen gehen und trinken. Und als er an den Brunnen kam und sich über das Wasser bückte und trinken wollte, da zogen ihn die schweren Steine hinein, und er musste jämmerlich ersaufen.

1 Lies das Märchen „Der Wolf und die sieben Geißlein". Notiere alle Handlungsorte, die im Märchen vorkommen, und halte in Stichworten fest, was dort jeweils geschieht.

2 Notiere, welche Märchenmerkmale in dem Märchen vorkommen.

3 Erkläre mit eigenen Worten, wie es dem Wolf gelingt, die Geißlein zu täuschen.

4 Im Märchen kann sich nur das kleinste Geißlein verstecken. Denke dir ein anderes Versteck aus. Schreibe aus Sicht eines Geißleins, wie es sich vor dem Wolf versteckt.

Selbsteinschätzung

Was ist dir gut gelungen?

Wobei hattest du Probleme?

Sachtexte lesen und verstehen

1 Sieh dir das Bild an und überlege, worum es in dem Text unten gehen könnte.

2 Notiere, was du schon über Wölfe weißt.

3 Lies den Text sorgfältig durch.

In Europa gibt es nur wenige Wölfe. Häufig kommen sie dagegen in den Wäldern und Gebirgen Asiens und Nordamerikas vor.

Wölfe leben und jagen meist zu mehreren in Rudeln. Einzelgänger sind selten. Innerhalb eines Rudels hat jeder Wolf einen bestimmten Platz. Er hat einen Rang. An der Spitze steht der Leitwolf, danach folgt die Leitwölfin. Ihnen ordnen sich die anderen Wölfe unter.

Im Rudel herrscht eine Rangordnung. Die Wölfe eines Rudels sind jedoch zueinander meist recht freundlich. Streitigkeiten werden durch kurzes Knurren und Drohen geklärt. Die Mitglieder eines Rudels erkennen einander am Geruch, am Aussehen und am Heulen. Mit Heulen verständigen sie sich über weite Entfernungen.

Wölfe sind Hetzjäger. Das Wolfsrudel verfolgt und hetzt ein Beutetier so lange, bis es erschöpft zusammenbricht.

Wölfe werden 14 bis 16 Jahre alt. In einem Wolfsrudel bringt nur die ranghöchste Wölfin einmal im Jahr 4 bis 6 blinde, hilflose Junge zur Welt. Sie werden zwei Monate lang gesäugt.

4 Markiere maximal drei wichtige Wörter pro Absatz. Fasse dann jeden Absatz in einem Satz zusammen.

5 Welche der folgenden Aussagen sind richtig? Kreuze an.

- ☐ Der Wolf lebt auch in den Wäldern Nordamerikas.
- ☐ Im Rudel herrscht keine Rangordnung.
- ☐ Mit Knurren und Drohen verständigen sie sich über weite Entfernungen.
- ☐ Wölfe sind Hetzjäger.
- ☐ Die Jungen werden zwei Jahre gesäugt.

6 Verbessere die falschen Aussagen in ganzen Sätzen.

7 Beantworte die folgenden Fragen in ganzen Sätzen.

Wie sieht die Rangfolge in einem Wolfsrudel aus?

Wie werden Streitigkeiten geklärt?

Wer bringt wie viele Junge in welchem Zeitraum zur Welt?

Selbsteinschätzung

Was ist dir gut gelungen?

Wobei hattest du Probleme?

Rechtschreibstrategien – *das hilft !*

Silbenbögen

Wörter bestehen aus Silben. Sie werden meist aus mehreren Buchstaben gebildet. Jede Silbe hat einen Vokal. Wenn zwei Silben in einem Wort aufeinandertreffen, dann heißt diese Stelle Silbengrenze.
Wenn ihr nicht wisst, wie ein Wort geschrieben wird, sprecht die Silben deutlich und zeichnet die Silbenbögen so, dass sich jede einzelne Silbe in einem Silbenbogen befindet:

Mal kas ten, **Son ne**

Ableiten

Um Wörter mit **ä** oder **äu** richtig zu schreiben, hilft euc die Strategie des Ableitens. Das heißt, ihr sucht ein ve wandtes Wort mit **a** oder **au** im Wortstamm.

die Kräuter – das Kraut, die Nässe – nass

Gibt es kein verwandtes Wort und ist auch im Wörterb keines zu finden, wird **e** oder **eu** geschrieben.

die Feuer – das Feuer, die Felder – das Feld

Zerlegen

Bei **zusammengesetzten Wörtern** hilft euch das Zerlegen. Ihr zerlegt das Wort an seinen Wortgrenzen in die einzelnen Wörter.

So findet ihr in zusammengesetzten Wörtern die Stelle, an der ihr die Verlängerungsprobe einsetzen könnt.

Hand | ball | tor | netz ⟶ **Hände – Bälle – Tore – Netze**